非普通三國：寫給年輕人看的三國史

目次

齊聲說讚

登場人物介紹

歷史課不會告訴你

遙想千古風流人物

——羅貫中隱藏的世界

齊聲說讚

不平庸的三國史

大約在一年前，「三國蜘蛛網」開始在「故事：寫給所有人的歷史」網站上連載，不同於傳統談三國的起手式，普通人並不討論合久必分、分久必合，也不著墨於魏、蜀、吳如何分立，而是從三國人物的過去切入，還原他們身為「人」的那一面。

曹操為什麼總是喜歡別人的妻子？孔融除了讓梨那次的謙讓之外，為何在史書中出現時總是那麼狂？在《三國演義》中的「錦馬超」，在現實中又是如何面對人生的諸多挫折？這些都是傳統討論三國故事時會提到卻不會深入探討的篇章，但是在普通人的書中，我們重新從另一個面向認識了這些人物。

在經營網站的二十個月來，我讀了上千篇文章、超過一百位作者的作品，或是平實、或是活潑、或是文采華美、或是字句清雅，各有千秋，每篇故事都反映著作者的思考，幾乎沒有兩個作者是一模一樣的，但是作者本人卻未必跟文章風格一致。普通人的故事很不設限，就像豪邁的說書人，比喻即使誇張也一定能讓人秒懂，我原想他應該文如其人，但是見面後，卻發現他很安靜，往來的電子郵件用語也很客氣，寫作更是出乎意料地有紀律（這是連寫推薦序都要拖稿的本人，完全無法理解的事），我總有點懷疑，他文章中那種奔放的狂想到底是從哪裡生出來的？是有個奇怪的小宇宙嗎？

當「三國蜘蛛網」開始受到注目後，我們也收到不少出版社的邀約，我總覺得，這樣一本非常不傳統的書，似乎應該有不一樣的組合，既保留它奔放跳躍的風格、修改得更適宜閱讀，又不能變得平庸保守，這是不容易的事。而後，我們認識了方寸文創的顏總編、一個跟「三國蜘蛛網」一樣很跳tone的青年出版人，就在我們三人會面那天，我覺得這本書找到了它的知音。

身為成書流程的小推手，能看見它的誕生，無比欣慰。

「故事：寫給所有人的歷史」網站共同創辦人——**謝金魚**

普通人說三國，一點不普通！

寶寶的心裡有三國，可是寶寶不說（大誤）。

拜《三國演義》、影視作品和日本光榮公司之賜，一千八百年前的三國時代成為我們最熟悉的歷史階段。不信的話，請各位賢明的讀者搜尋一下自己的腦海：「三國」最搭配「無雙」，呂布加上方天畫戟武力值破表，是不是馬上就浮現出來？貂蟬和大喬、小喬，是不是比趙飛燕還熟悉？有誰聽過「民國無雙」還是「北宋無雙」？秦叔寶和尉遲敬德在隋唐勇將裡武力可排第幾位，又有誰能馬上說得出來？

不過，當各位賢明的讀者以手中滑鼠指揮著張遼、徐晃，還是關羽、趙雲在戰場上縱橫廝殺的同時，心裡應該有時候也會有過「這個人在真正的歷史上是什麼模樣」的疑問。說到這裡，就不得不提起從北宋三國說書以來，層層累累疊加起來的「歷史障壁」。

「歷史障壁」是什麼？因為有了歷史障壁，二十一世紀的我們看不懂古書上的語言，無法穿透文字背後的情感，感受古人們的豪情壯志、與他們的悲傷痛苦。

古時候書寫條件的局限，讓史料的敘述（也就是文言文）變得極為簡略。舉例來說，諸葛亮在〈出師表〉裡說：「此誠危急存亡之秋。」又說：「先帝知臣謹慎，故臨崩寄臣以大事也。」

光憑這幾句話，我們實在比較難感受出當時諸葛亮肩上萬鈞沉重的壓力，還有蜀漢風雨飄搖的局面。又比如《三國演義》裡，動不動「橫地一支彪軍殺出」，或是「交手不到三合，拍馬便走」，如果還一直用過去的詮釋（和語言）來看三國，我們就只能望著年深月久造成的歷史障壁興嘆。

再說了，陳壽的《三國志》與羅貫中的《三國演義》這兩部神作，像是兩座高聳的大山，我們習慣抬頭仰望。這兩部作品，一是正史，一是文學經典，長期以來決定了我們看三國的角度、視野，甚至是下筆的題材。因為有歷史障壁，因為有兩座大山，多少人（包括小的我在內）都試著攀爬大山、穿越障壁；一直以來，寫作三國的作品，無論觀點和文筆好壞，其實都只是在其中不停繞來繞去作文章。

現在，我們等來了這部《非普通三國：寫給年輕人看的三國史》，再也不必繞來繞去了。語言難懂？用現代白話！障壁高山難以攀登？繞開它！用我們自己的角度，用二十一世紀的人關心的重點，告訴你全新的三國！

《非普通三國》的第一部「歷史課不會告訴你」，正是打破歷史障壁以後的活靈活現三國敘事。你看看，曹操愛吃人妻的紀錄是多麼明顯；他兒子曹丕的惡作劇伎倆又是多麼高明（甚至用一生的時間來修練惡作劇技巧）。還有《三國演義》裡根本連影子都看不到的賀齊大將軍，他平定山越的事跡，精彩程度不輸演義。演義裡出現過的朱桓將軍，在本書裡的獨家撞妖實錄，讀來有一種跨界魔幻感。當然，那篇常山趙子龍的專訪，在輕鬆的訪談氣氛中讓趙雲兄侃侃而談，既能凸顯出子龍那忠勤謹慎的名將之風，又不會耍寶過頭、偏離史實，實在是太銷魂了！

第二部「遙想千古風流人物」，看得出作者消化史料、活用史料的講故事功力。你將在這裡看到西涼馬超崛起的真相，還有許多小時候被稱讚過度的神童長大成人以後的悲劇；當然，更有前面提過的諸葛亮，在每一次危難關頭、殺機四伏的挑戰下所作出的抉擇。

第三部「羅貫中隱藏的世界」，轉換敘事的角度，討論某些被《三國演義》遮掩住的人物，深入淺出地描寫他們的內心世界。比如老爹被黃忠陣斬的夏侯霸，身為曹魏皇親國戚，竟然成為蜀漢的大將軍，中間發生了什麼事？夏侯將軍又有怎麼樣的心路歷程？還有那著名的「東吳遇上公孫淵」，江南與遼東的隔海愛恨情仇，由於《三國演義》把敘述的主軸都擺在蜀漢，孫權怎麼會招惹上千里以外的遼東公孫家割據政權，又是怎麼把自己弄得灰頭土臉，我們終於可以好好了解究竟了。甚至，連許多腐女們最愛的「基情」故事，你不知道的孫權、劉基「權基」戀（好吧，是堅固的友情），這本書也都替你整理好、照顧到。

每個人的心裡都有一部三國，而誰又能像普通人這樣，把一部三國寫得這樣二十一世紀、這樣活靈活現呢？這麼看來，普通人一點都不普通呀！

歷史作家、譯者——**廖彥博**

每個人心中都有自己的三國

如果你除了看過《三國演義》、《三國志》以外，還看過《火鳳燎原》、《蒼天航路》、《吞食天地》、《龍狼傳》、《超・三國志霸》，玩過光榮三國志、三國無雙、三國志戰記、吞食天地（大型機臺跟電玩RPG），那麼你應該會跟我一樣，適合閱讀這本《非普通三國：寫給年輕人看的三國史》。

華人世界中，三國時代應該是最廣為人知、最受歡迎的中國歷史，電影、電視、戲劇改編無數，書籍與電玩更是層出不窮。照理說歷史真相只有一個，真正的三國歷史也只有一種，那為什麼這麼多的改編依然廣受大家的歡迎？很簡單，雖然歷史的三國只有一個，但每個人心中都有一個屬於他的三國。

因為三國人物實在傳誦得太精彩了，讓人不甘這些人物只是這樣。所以諸葛亮不能只是優秀的政治家，他還不時需要呼風喚雨，單獨面對敵人還要能夠發射雷射砲；鼎鼎大名的人中呂布豈能是有勇無謀之輩？他可是董卓軍第二軍師，自誇不用分心在奪權時就沒人能打敗的智勇雙全；更不用說趙雲不能只是救少主，需要的話他還得搖身變成女的！

在各式各樣的三國歷史改編裡，我最喜歡的是從有根據的歷史經典中擷取，經過腦補後展現出來的故事。這就很像廚師的工作，從同樣的食材中，透過創意與巧思讓它們變成令人驚豔的菜色，而這本《非普通三國》就是這麼一道菜。

本書的內容大致可以讓讀者有三種收穫：第一種是可以看到已熟知的曹操、趙雲、諸葛亮，以完全不同的方式與角度呈現出來，我最喜歡的是接受獨家專訪的趙雲，用對話的方式來呈現他的性格實在是太有意思了。第二種收穫是了解到一些在遊戲中是大眾臉但有名字的人物——像是臧霸、朱桓跟沮授——他們在這個傳奇的年代所扮演的角色與個人情義。第三種收穫是你可能從來都沒聽過的人名與背景故事，像是征戰山越百戰百勝的賀齊、遼東之王公孫家族，這些雖然是小角色，但對於已熟知三國故事的人反而會有驚喜感，會有一種「哇嗚，原來還有這號人物我不認識啊，有趣有趣」的感受。

如果你也跟我一樣，是喜歡三國歷史、故事、漫畫、遊戲的人，我想這本書也很適合你閱讀。讀完後你可能會跟我一樣發現此書的唯一缺點，就是看不夠，還想看到更多人物跟故事啊！

在心理系教書的子龍粉絲——**蔡宇哲**

這不是推薦，而是粉絲的留言

「許褚哪裡人？」

「左邊一個『言』，右邊一個『焦』的地方……」

老媽狐疑的眼神跨過走道投向我和表哥。她不懂聚在一起總是打電動的我們，為什麼忽然聊起歷史。

因為玩三國志要知道去哪裡才能搜尋許褚啊！

如同《灌籃高手》引起了臺灣一整個世代的籃球風潮，日本光榮公司的三國志系列遊戲，也造就了許多人對三國的狂熱。

從小到大，只要跟三國有關的書籍、電玩、漫畫我全都不放過。

只是看得久了多了，撇開那些用三國作例子講解政治、權謀、數學（對，就是在下，你知道變陣需要多複雜的數學嗎？），以歷史為主體的文章有一種是翻開就知道趙雲準備要大顯神威，夏侯淵要去領便當，而另一種翻開一看，趙雲竟然變成女生！

三國成了棘手的題材，讀者程度非常高，只要不小心就會淪為了無新意，或變得莫名其妙——女趙雲還跟呂布生了關平！

《非普通三國》是少數成功挑戰三國議題的精彩之作，網路連載時，我就因為無意間看見〈友情歲月之臧霸故事〉，一口氣在電腦前看完普通人的所有文章，後來還不時主動去追蹤這位一點都不普通的三國作者有沒有新文章。

通常會這麼做的只有喜歡女生的臉書吧？

普通人有他自己一套的切入角度，從廣為人知的三國劇情中挖掘出「原來還有這麼一段」的故事：曹操的人妻攻略史、太史慈的俠義之道、朱桓的恐怖撞鬼經驗談……。用數學的形容詞來說，在這本書裡，你看到的都是與現有三國故事「垂直」的新情節，讀起來新奇有趣，同時又能跟已知的三國故事像拼圖一樣鑲嵌在一塊。比起「三國無雙」換造型就出來再賣一代，簡直太有誠意。

這篇與其說是推薦文，更不如說是粉絲的留言，竟然有機會在喜歡的作家的書前面寫下這麼一長串留言，我開心的程度直追劉備三顧茅廬，曹操夜訪杜夫人。事實上，我曾經因為好奇「草船借箭真的能借到十萬支箭嗎」，想要試著計算，便在臉書上發訊息請教普通人。他很快地回答說草船可能是蒙衝（艨艟），還隨手附上幾句古文的描述。真的是有詩贊曰：

信手捻來，千古風流人物。

數學作家——**賴以威**

普通而不簡單的寫作功

《非普通三國》以「寫給年輕人看的三國史」為副書名，是有道理的。作者普通人（這筆名很奇怪）大量運用新世代的共同語言，跟不上時代流行的前輩長者恐怕難有共鳴。普通人用普通語言，結合時事哏，以及日常用語、網路習語、電影對話，構成活潑的文字風格，而且是臺灣讀者限定版，諸多笑點來自臺灣獨家的新聞話題，這又有別於六神磊磊等中國作家的表現。試讀這一段，想起哪位政治人物了嗎——「外面傳言曹操有想當皇帝的野心，完全是無稽之談、空穴來風。『我已經重申過無數次了，丞相這個位子，我一定會做好、做滿。』曹操露出甜甜的梨渦笑道。」

三國熱延燒了好多年，相關題材幾乎被開發殆盡，同樣故事說到後來成為老掉牙的題目，同樣觀點講多了形成老生常談，有些作家不甘於此，於是設法另闢蹊徑。《非普通三國》就是這樣的一本書。不是三國通論，不重新敘述三國故事或系列介紹英雄豪傑，反而介紹了小人物或較不知名的角色（如王異），但他們的軼聞逸事，往往反映一個時代。例如賀齊，作者透過他談山越，山越是孫吳政權的心腹大患，談三國，尤其東吳的發展，不能不提山越。

即使提及大咖巨星，也選取特殊事項，以不同角度來談。例如以「人妻殺手」來定位曹操，以他搶奪人妻的種種紀錄，取代爭霸大業、歷史功過。類似之趣也見於曹丕篇。

此外，小事物的引介趣談，也是本書特色，例如蜀漢政權對於死刑的態度，古代的同性之愛。普通人更善於利用志怪小說材料，寫三國的傳奇故事，「蟲落族」傳奇讓人看得津津有味。

普通人的文筆活潑，但不管如何KUSO，文字如何誇張，內容都有憑有據，顯示他的紮實基本功，看似普通，其實不簡單。普通人的最大強項在於，一個題目之下，包含多個子題，揮灑拉開來寫作，又能扣緊主線不散。這種串連功力以及結構開闔能力，是真正的寫作功夫。

歷史作家——**羅吉甫**

高手高手之高高手

我們這世代對三國之想像多半來自動漫電玩：穿一襲深綠長衫的關雲長（為什麼總和張飛一綠一紅？），手持八十二斤、武力值+8的青龍偃月刀；蟒袍加身是胖不是壯的癡漢董卓，除了肥宅力之外其他數值平庸……而從更學術的角度來爬梳，所謂的「三國學」仍然是一個重要論題。過去認為理所當然的陳壽《三國志》，實則在編撰動態過程裡，摻入了魚豢、習鑿齒、裴松之各家之論。更不用說經歷了宋代的講唱文化，續衍至了集大成的羅貫中《三國演義》。

我很早就在「故事：寫給所有人的歷史」看過「普通人」的專欄「三國蜘蛛網」，鵠盼多時，於今終於集結成《非普通三國》一書。就像《莊子》裡「神人無功，聖人無名」的哲學，英雄總是蒙面而無名，真強者往往看似普通人。讀這些篇章給我的感覺，宛如回到宋朝、坐進「清明上河圖」畫裡的勾欄瓦舍，聽著說書人講三國史。「霍四究說三分，尹常賣五代史」，若論當代三國論述，「普通人」肯定得記上一筆。

在書裡作者一面講我們多半知道的曹魏蜀漢東吳政權，熟悉的曹操、趙雲、馬超、孔明，他們回到大歷史脈絡裡非不能如此或有所不為的決斷；另一面則講那些即使聽過卻未曾細究身世的角色——臧霸、朱桓、太史慈……他們的背景、肌理，故事與史料。歷史不可逆，它一路派衍成我們如今這個平行時空。即使這幾年人文普及寫作當道，但普通人仍是其中翹楚，他筆調生動，信手拈來就熔時事哏、鄉民哏、政治哏於一爐，但論起細節與脈絡，卻又旁徵博引，史料翔實。

我曾親見批踢踢（PTT）上熱衷三國的鄉民們對魏延的「子午谷奇襲」，從戰術、從兵法、從當時氣候、輜重的分配甚或各國各區域之情勢，進行全面分析。同主題文章po了上百篇，我以為那可能才是真正的學術研究精神，不為稿費不忮點數，不講什麼核心期刊或資料庫，這是真正熾灼灼的熱情啊！我想這可能是如今學術研究遭遇到的最荒謬盲點，唯有忘卻那些學術規範與paper數目，獨一無二的高手於焉誕生。

高手本來就只能出於民間。

作家、國立中興大學中國文學系副教授——**祁立峰**

讓我們會心一笑

歷史是討論政治的重要素材，不分國籍，也無關統獨。

中國的三國時代，大概是臺灣年輕人最耳熟能詳的時代，只有日本的戰國時代差可比擬。神格化的關羽，被稱為「關聖帝君」，是臺灣極重要的民間信仰，可見三國故事對於臺灣不分年齡層的吸引力有多大。然而，許多的三國史，卻被《三國演義》這部小說所混淆，導致許多人對於這段時間的歷史，存在著似是而非的理解。

然而，正史記載並非人人看得懂，為了普及歷史，有一群臺灣人在臉書上書寫歷史，試圖用淺顯的白話文，讓一般民眾可以看得懂，並且一點也不會覺得枯燥與乏味。這本《非普通三國：寫給年輕人看的三國史》就是以這樣的角度出發。由於目前歷史普及書大多出自於中國的學者或網民，因此這樣的書籍能夠在臺灣出版，也就更顯得重要。

《非普通三國》運用大量的虛擬對話，對於嚴謹的歷史學者來說，或許會認為不登大雅之堂，然而對於讀者來說，卻是理解歷史脈絡的重要依據，我們本來就不可能知道當時歷史人物的對話為何，然而透過推敲與想像，這本書所營造的歷史人物之間的言語，以及大量的所謂「鄉民哏」，讓讀者在閱讀時可以會心一笑，又不失對歷史真相的探查。

這本書不是正史，也無意取代正史的完整論述，但如果要理解簡明三國史，這本書應該是最好入手的工具，透過不同以往的三國歷史人物的故事描述，當能更理解三國時代的人事與背景。在眾多三國的非典型論述書中，這本書實在是傑出之作。

律師、作家——**呂秋遠**

他寫了人所不知的歷史

小時候很迷三國故事，《三國演義》可算是我的文學啟蒙讀物。國中時開始對三國史料產生興趣，查了許多史傳記載與研究，卻意外開啟一段痛苦掙扎的旅程。痛苦來自於想像的幻滅，掙扎在歷史與小說之間，小時候喜愛的人物一個一個褪去傳奇色彩，成了凡人。

小時候特別迷關公，年節都央求家人帶我去關帝廟參拜，房間裡至今仍懸掛多幅關帝像，有手繪的，也有廟裡搬來的。父母戲稱關公是我的偶像，我也居之無疑。

元宵節時，父親會把竹子削成關刀狀，糊上玻璃紙，裡面點上蠟燭。拿著關刀燈走在公園裡，自己覺得威風，儘管其他孩子們不懂我的浪漫。

後來迷諸葛亮和趙雲，家裡又多了幾把羽扇和瓦楞紙長槍。學校老師知道我愛看三國，每次週六的說話課（當時還沒有週休二日）都要我上臺給同學們分享。

我一直以為我會這樣說著三國故事直到長大，或者說，我一直以為這些故事會陪著我長大。

年紀大了點，在書店看到遠流出版的三國系列作品，欣喜之下買回家翻看，卻發現全然不是那麼回事。

那是我第一次知道想像與真實畢竟殊途。

多年以後重讀《三國演義》，因已受了中文系的訓練，每每帶著研究眼光來看，少時的浪漫想像又更減了。總想著書裡面暗藏的時代價值、作者所欲表達的思想、人物形象的刻劃技巧等等，似乎這些分析是每個文學研究者的必經之路。

起初因為喜愛而踏入專業領域，又因為專業研究而逐漸削弱當初的熱情。至於最後能不能尋回當初的感動就難說了。

幾個月前寫了一篇文章談諸葛亮，談〈出師表〉，有網友留言分享了「Somebody Sue／普通人」的文章，我也才有幸拜讀一篇又一篇重新解讀三國歷史的大作。

普大的文字平易近人，帶點幽默，總能透過史料點出過往人們誤解或忽略之處。也因為使用的史料豐富，指出真實歷史與《三國演義》不同之處已不是最大重點，普大將更多的工夫花在《三國演義》未提及之處，包含一些極為重要的歷史事件與人物。

這本書不只是在還原歷史，更是在補一般人認知上的空白。

羅貫中的影響太大，要從他的影子裡走出來，格外費力費時。當今寫三國故事的寫作者，很少去談那些《演義》未提及的人物與事件，因為那些人罕為人知、冷門，人們多半沒有興趣。

我想，這也是這本書的一個重要價值所在：人所不知的，他說了；人所不關心的，他寫了。可總得要有人去說，歷史就是這樣的，有人看到、有人抉擇、有人說、有人寫，然後再有人看到。陳壽當年抉擇過一次，羅貫中又一次。然後人們心中形形色色的三國被造了出來，你有你的開疆闢土，我有我的旌旗蔽空，每人有著各自的英雄、各自的烽火。

我突然發現，歷史也只不過是某個人眼中的真實，卻是更多人眼中的故事。畢竟沒有任何文字能完整記錄真實，所有的文學都是虛構的，這是文字的極限。

還原一個時代，補白那些認知上的缺漏，不只是為了要更逼近那些確實存在過的歷史，更重要的，是還有些故事應該被訴說，不應該就此被遺忘。

前陣子讀米蘭．昆德拉，有句話讓我很難釋懷：

「他們的名字留在記憶裡，卻失去了所有的見證者，失去所有真實的回憶，成了木偶。」

這讓我想起那些曾經活躍在心底的歷史人物。他們的名字留在後人的記憶裡，但跟他們同時存在這世上的人都已離去了。我們評論這些人物的時候，沒有人會跳出來說，欸，不不不，不是這樣的，我認識的那個誰他不是這樣的。

「失去了所有的見證者。」

然後他們成了木偶，木偶是可以操弄的，是可以重新粉墨登場的。

所以趙子龍拿起長槍，關二哥跨上赤兔馬，諸葛亮一步一步走上七星壇，一夜東風起，赤壁烈火漫天。

我知道那些人物必定與真實有距離，不管是小說中的、野史中的還是陳壽筆下的，他們必定不真實。儘管如此，我們還是要盡可能去找尋歷史留下的線索，不放過一點蛛絲馬跡，不放過任何被遺漏的故事。

謝謝普大，讓更多平常不會去讀《三國志》的朋友有機會一探那個迷人的時代。唯有如此不停地訴說，說老故事，說新故事，這些曾讓我們或愛或恨的人物，這個曾經讓許多人醉心過的時代，才能繼續活下去。

專欄作家、「地表最強國文課沒有之一」版主——**陳茻**

灑滿創意的歷史饗宴

曾經有學生問我：「幹嘛學歷史啊？那不都是些老掉牙的事情而已嗎？跟我們現在有什麼關係……」確實，對某些人來說，曹操、趙雲、呂布等人只不過是可以開啟無雙戰鬥模式的電玩人物罷了，跟現實的生活一點也扯不上邊。但是，時間會流轉，人性恆不變。別忘記，所謂的歷史在千百年前也是正在進行式，而我們現在的社會新聞、運動頭版、政治惡鬥、生活點滴，在數年後也都將被加進歷史的新頁當中。歷史像是鏡子，當我們透過這一面鏡子去審視人性，避免重蹈覆轍，提早洞燭先機時，將使我們自己的未來產生巨大的改變。

不過，再有意義的知識，也得讀者願意去看才行。就像食物再營養，也要我們願意張開口吞下去對吧。偏偏歷史這門學科，講究的就是史實的考據，尤其是學術論文與教科書，在企圖還原事實及呈現論點時，更是連一字一句都需要經過千斟萬酌。這樣的結果，難免就會讓歷史書顯得生硬而令人敬而遠之，但又不能為了譁眾取寵而像八點檔那樣瞎編劇情，像動漫那樣天馬行空，不負責任地胡寫一通，喪失了歷史作家應有的責任。所以，利用輕鬆的方式，以生活經驗引起讀者共鳴的歷史讀本，就格外重要，好像經過細心調味的美食一樣，讓人可以在愉悅的品嘗佳餚時，吸收到得以滋養智慧的養分。這樣的書每一問世，都令人充滿了驚奇與期待。

而在歷史的美食饗宴中，我們又再次看到一位大廚端出了創意料理，等待著我們細細品嘗。

普通人先生所寫的這本《非普通三國：寫給年輕人看的三國史》，從許多面向切入三國這一段精彩的歷史當中，展現了以各種新穎寫法還原歷史真相的企圖心，藉由精心設計的安排勾勒出三國英雄們的真性情，也讓歷史的拼圖在輕鬆幽默又帶點反諷意味的字裡行間更顯完整。

誰說年輕人對歷史沒興趣，那是因為故事被講得不好聽啊！

兼具美味及營養的《非普通三國》，現在上菜囉……

《三國時報》系列作者、國立中央大學歷史研究所碩士——**黃榮郎**

曹操 字孟德

魏國創建者。在「治世之能臣，亂世之奸雄」的響亮名號底下，藏有一顆寵愛人妻的心。

諸葛恪 字元遜

孫吳丞相，大將軍諸葛瑾之子。自幼便懂得察言觀色，但隨著年齡增長，這個優點逐漸消失。

曹丕 字子桓

曹操次子，曹魏開國皇帝。雖自幼受帝王教育，但有著不把人整到半死不罷休的糟糕性格。

夏侯霸 字仲權

曹魏將領夏侯淵之子，以消滅蜀漢為人生目標。這樣的他後來投奔蜀漢，並任職車騎將軍。

趙雲 字子龍

蜀漢將領。經常負責處理戰場突發狀況，對於被後世捧成完美無缺的猛將，感到莫名其妙。

諸葛亮 字孔明

蜀漢丞相。原本日子開心快活，卻誤入「復興漢室」的萬丈深淵，後因工時太長而過勞死。

沮授

袁紹帳下謀士。智識韜略不下當世任何一位同行，就是運氣差了些，跟了不對盤的老闆。

馬超 字孟起

蜀漢將領，關中軍閥馬騰之子。在人生抉擇中總選到最淒慘的方向，幸好最後扳回一城。

臧霸 字宣高

曹魏將領。曾是青州「泰山寇」首領，後被曹操招安，搖身一變成為掌管青、徐二州的扛霸子。

公孫淵 字文懿

遼東公孫氏第四任領導人。為完成入主中原的野心，不惜遊走魏、吳兩國，大玩政治槓桿。

孫權 字仲謀

孫吳開國皇帝。政治生涯一帆風順，臨終留下一堆爛攤子讓子孫煩惱，乃人生終極勝利組。

朱桓 字休穆

孫吳將領，出身吳郡四大家族「顧陸朱張」之一。他的離奇經歷，比他的顯赫戰功還搶眼。

張魯 字公祺

五斗米道教主，中國歷史首位政教合一領袖。在他轄區有吃又有拿，不過得先叫聲「師君」。

太史慈 字子義

江東孫氏麾下將領。是一個為了幫助別人願意傾力相助的熱血青年，亦是媽寶界的模範生。

劉備 字玄德

蜀漢開國皇帝。渾身散發特殊的費洛蒙，一邊逃難一邊收集能人異士，最終賺到一個帝國。

賀齊 字公苗

孫吳將領，主要的任務幾乎都在征討南方的「山越」。注重穿著打扮，是當時的時尚達人。

公孫度 字升濟

遼東公孫氏首任領導人。在東北亞可是天王級人物，真心覺得自己掌有天命。

劉基 字敬輿

揚州牧劉繇之子，姿容美好。父親去世之後就扛起家庭重擔，受到孫權非比尋常的寵愛。

劉禪 字公嗣

劉備之子，蜀漢後主。治蜀近四十年，竟換得「昏庸」二字。阿斗心中有苦，但阿斗不說。

龐統 字士元

劉備帳下謀士。《三國演義》的他長得醜又刻薄，但真實的龐統可是不吝美言他人的暖男。

歷史課

不會告訴你

人妻殺手曹孟德

中國的官方正史，大部分著重於政治層面的演變，使得我們對於歷史人物有個錯覺：似乎他們的心思都放在處理國家大事上，而忽略了一般人有的七情六欲，他們也會有。

〈人妻殺手曹孟德〉的寫作動機，起因於看到網友喜歡將曹操戲稱為「人妻控」，而興起了想要整理他在這方面「光榮事跡」的念頭。暫時將曹操從爾虞我詐的政治圈中抽離，一睹他口味獨特的「獵豔史」，給讀者一個平易近人的曹孟德。

《三國志》開篇記述的便是曹操的傳記〈武帝紀〉，本書當然也要堅持傳統，讓曹操打頭陣，而這也是我開始撰寫三國系列文章中的第一篇，對我個人而言深具紀念價值。

謝曹丞相賜靈感！

曹操
……
曹丕
曹植
嗚哦……
果然還是要有經驗的女人才行呢……
人妻の午後

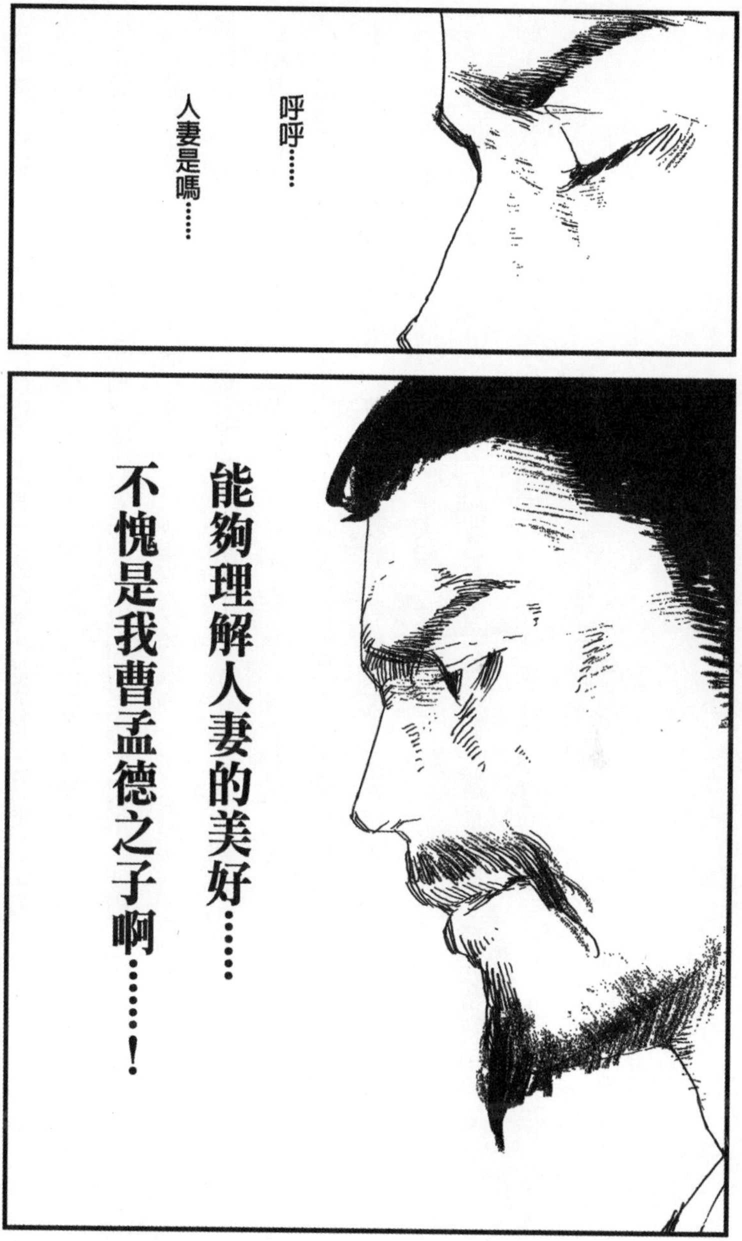
呼呼……
人妻是嗎……
能夠理解人妻的美好……
不愧是我曹孟德之子啊……！

曹操，字孟德，三國之中「曹魏」的創建者。在華人世界中，可說是無人不知、無人不曉。曹操不但在中國政治史上占有一席之地，他亦是出色的詩人及兵法家。

由於曹操複雜多變的性格，以致後世對他的評價褒貶參半，他在那個時代有許多作為堪稱驚世駭俗，可說是像風一樣的男子，更可怕的是還引起了一波模仿潮流。

最具代表性的，就是他「挾天子以令諸侯」的舉動，將落難皇帝劉協迎回自己的根據地許縣（今河南許昌），從此掌握天下大義，政治生涯也風生水起，為日後的曹魏奠定根基。往後兩晉南北朝的篡位模式，基本上都是參照曹操的SOP（標準作業程序）。

這麼樣前無古人、後有來者（而且很多）的曹操，妻妾成群也就不是什麼特別的事。《三國志》的紀錄當中，曹操至少就有十五位妻妾[1]，子女更是可怕，可考證者高達三十一位[2]！拍張全家福照會搞得跟畢業典禮一樣場面盛大。

然而曹操的妻妾之中，有不少人都曾有過一段婚姻。這是曹操一項非常特別的嗜好，他對於人妻的熱愛近乎狂熱，甚至可以為了人妻不惜失去性命。

天生熱愛追求刺激

曹操對人妻的興趣，從他的年少時代便可看出端倪。

曹操的父親曹嵩，是歷經東漢皇帝四朝，深受信任的大宦官——曹騰養子，曹嵩後來也子憑父貴，一路當到大鴻臚（負責外族來朝事務，相當於今日的外交部長）。

曹騰去世之後，曹嵩不惜砸下重金打點朝廷內部，買下太尉一職。太尉是漢朝「三公」之一，乃國家最高軍事首長，但到了曹嵩那個時候，太尉已成為虛職，就像「榮譽主席」那樣只是頭銜掛好看的。

雖然曹操是宦官的養孫，家世並不是太光彩，但

像風一樣的男子。

人妻王。

當時曹騰的名聲非常之好，並不如我們印象中權勢滔天的變態公公；加上父親曹嵩好歹也是三公之一，因此就地位而言，曹操是官三代無誤。

曹操有一個兒時好友，名叫袁紹。袁紹出身汝南郡的袁氏，是當時漢朝赫赫有名的世家大族。袁紹從曾曾祖父開始算，就有五個家族成員擔任過三公職位，因此人們稱呼他們袁家為「四世三公」，可說是極致奢華、尊榮不凡，曹操家族只有一個（還是買來的），完全被比下去。

曹操與袁紹雖然在日後為了稱霸北方而兵戎相見，但在他們慘綠少年時，卻是死黨兼換帖。《三國志．魏書．武帝紀》記載曹操年少時「任俠放蕩，不治行業」，根本是仗著家世到處耍無賴的權貴子弟，相信當時袁紹也受到曹操的影響，常常跟著他胡混。

在那個沒有夜生活的年代，到了晚上他們能做的事情就是——搶人家老婆！

南朝劉宋時期問世的筆記小說總集《世說新語》當中有一則故事，敘述曹操與袁紹有次在人家洞房花燭夜時，製造混亂將新娘偷拖走，新郎家的人發現後緊追不捨，曹操為了脫身只好犧牲袁紹，害得袁紹差點被抓[3]。至於最後新娘子有沒有被曹操怎麼樣，便不得而知了。

自此之後，曹操就好像開了竅一樣，展開了他成為人妻王的偉大航程。

人妻的致命吸引力

之後漢朝發生了接二連三的動盪，造成了群雄割據的局面，成年的曹操也投入了這場權力遊戲之中。

當時有個叫張繡的小軍閥占領著宛縣（今河南南陽），遭到曹操的攻打而投降。張繡的伯父早死，伯母雖然是寡婦，但頗有姿色，應該屬於輕熟女一類。在歷史上，這位輕熟女並無名字紀錄，但在《三國演義》中她姓鄒，因此姑且用鄒氏來稱呼。

曹操進入了宛縣，接受了張繡的投降。此時曹操無意間望見鄒氏的身影，不禁怦然心動。眼見這位鄒氏雖然有點年紀，卻仍婀娜多姿、風韻猶存。曹操心想還等什麼，今晚就叫她來陪酒，順便嘿嘿嘿嘿。

張繡投降已經夠窩囊了，自己的伯母給人**吃免錢的還要打包！**張繡越想越氣，當夜立刻帶兵奇襲，曹操還沒能來得及穿上褲子就得趕緊落跑。他的長子曹昂、侄子曹安民、隨扈典韋為了保護他，都在這場戰役中身亡，甚至連座騎名馬「絕影」都不幸犧牲。

為了攻略人妻，曹操死了得力護衛、長子、侄子，還有愛馬，人妻王的偉大航程才正要開始呢，就遇上了空前的挫敗。

從此以後，曹操就深刻學到教訓了……嗎？

不！身為一個目標遠大的人妻殺手，這點兒破事，不足以阻擋曹孟德內心的渴望。

「**我是誰？對了……我是曹孟德，永不放棄的男人！**」曹操如此地嘶吼著。

若為人妻故，情義皆可拋

曹操在與「飛將」呂布激戰時，得知呂布有個屬下名為秦宜祿，他的老婆杜氏也是個大美人。至於曹操是如何得知消息的呢？這就得講到義薄雲天的關二哥——關羽。

當時曹操與劉備聯手，大軍包圍呂布所在的下邳城（今江蘇邳州）時，某日關羽隻身來到了曹操帳前求見。

「是雲長啊，今日前來有何要事啊？」曹操伸了伸懶腰，問道。

「關某有一小小心願，望曹大人成全。」關羽眼神堅定，語氣鏗鏘。

「喔？難得雲長竟有求於我曹操，但說無妨。」曹操略感訝異，身子不禁向前趨了一些。

「關某仰慕呂布部將秦宜祿之妻杜氏已久。盼曹大人在下邳城破後，能將杜氏許給關某為妻。」關羽說到此處，不禁有些臉紅，名副其實的「面如重棗」。

「原來如此。雲長特地前來請求，我若拒絕也未免太不講人情。好吧！這事我應允你，待滅了呂布後，杜氏就是屬於你的了。」曹操一口答應。

「關某在此先行謝過曹大人！」關羽神情雀躍地回道。

沒想到一直以來給人正氣凜然形象的關羽，竟然也對人妻有興趣，畢竟當時他也是個正當盛年的男子漢呀！

可能關羽平時都是正經八百，突然提出這種要求，讓曹操對這位杜氏感到非常好奇。究竟這個女人有多漂亮呢，漂亮到關羽都肯拉下臉來拜託？曹操暗自記下，決定到時候要親眼見識見識。

就在下邳城破，呂布被處死之前，秦宜祿碰巧擔任呂布的使者，出使拜會割據淮南地區的諸侯袁術。袁術也許是想討好呂布，或者純粹看秦宜祿一表人才，於是自作主張地將一名不知哪弄來的劉姓皇族閨女，許配給秦宜祿。

秦宜祿有了新歡，就再也沒回下邳，髮妻杜氏只能**每日折一枝楊柳，在小村外的溪邊河口默默等著他。**

曹操處理完呂布後的第一件事，就是三步併兩步跑到秦宜祿宅邸，想親眼見見秦夫人的模樣。不看也罷，一看驚為天人，杜氏的美貌果然是名不虛傳，當下把對關羽的承諾拋到了九霄雲外。

「這位太太，尊夫長期不在家，一定是寂寞難耐、每晚垂淚到天明吧？」曹操「壁咚」著茫然不知所措的杜氏說道。

望著杜氏梨花帶淚的容顏，曹操下半身「火車快飛」，趕緊把她帶回家，用身體好好地嚴加拷問。

當時關羽得知朝思暮想的女人被曹操橫刀奪愛的時候，反應是「心不自安[4]」，得不到心上人而失魂落魄兼超級不爽。之後關羽短暫降曹時，曹操對他百般討好，想必也有一些補償的心理吧？

暗幹在心。

男人最後的尊嚴……

這次的人妻攻略還算順利，只有一段小小插曲。

當秦宜祿得知呂布被滅後，也離開了袁術的溫柔鄉，跟著投降了曹操，即使新老闆給他戴了好大一頂綠帽。曹操念在與他「表兄弟」一場，不對他進行任何處置，還任命秦宜祿為銍縣（今安徽宿州）縣令。區區芝麻小官，完全無法彌補秦宜祿的奪妻之恨，他雖然暗幹在心內，但迫於曹操威勢，也只能默默吞下。

不久後劉備背叛曹操，派遣張飛前去遊說秦宜祿響應。

「秦兄，我是不太想說，但老婆跟人家跑了，還要領他的薪水，換作是我早就上吊自殺啦！我大哥劉玄德很為你抱不平，既然大家都這麼痛恨曹操，乾脆一不做、二不休，再把嫂子搶回來！我張飛挺你到底，麻吉麻吉！」張飛講得口沫橫飛。

秦宜祿聽張飛這麼說，越聽就越氣，一時情緒激動，拍桌跟著張飛走了。但走到一半，剛剛的激憤漸漸消褪，隨即想反悔回家。

「秦兄，你這樣很不夠意思喔！是看不起我們逆？說走就走，我豈不是很沒面子？」張飛惡狠狠地道。

雖然張飛變臉凶狠了起來，但秦宜祿還是想走，假託想起家裡瓦斯好像沒關想回去檢查一下，張飛眼見勸說不成，怕他返去向曹操抓耙仔，就把秦宜祿給殺了。

嗚呼哀哉秦宜祿！生前已經夠委屈了，死還死得這麼窩囊。在這邊我想為秦先生可悲可嘆的一生點首歌，歌詞是這樣的：

駛到好車驚人偷，大厝歹拚掃，吃甲尚好驚血壓高，水某會跟人走——

不姓曹的曹操之子

雖然曹操奪人妻子毫不手軟，之後還和杜氏生了兩個兒子、一個女兒，不過曹操仍對杜氏與秦宜祿的兒子秦朗視如己出。秦朗深知自己身分敏感，在曹府的生活盡量低調謹慎。到了曹魏時期，魏明帝曹叡（曹操之孫）非常信任秦朗，並加以重用。

秦朗在曹叡朝中的表現頗為兩極，他有討伐異族叛亂的功績，也一度有成為託孤重臣的機會，但在記述曹魏歷史的史書《魏略》中，秦朗卻被收入在〈佞倖傳〉，因為他雖受曹叡寵信，卻沒有盡到勸諫與舉才的責任，而且還收取賄賂，財富堪比公侯。

曹操對鄒氏與杜氏的「追求」，都有點仗勢欺人，但他也有比較值得稱道的人妻攻略，這次的對象可是漢末大將軍何進的兒媳尹氏。曹操隨著經驗的累積，目光也越來越遠大了呀！

這位大將軍何進本來以賣羊肉維生，後來因為妹妹何氏入宮，所以何進也跟著雞犬升天，入朝為官。何氏深受靈帝劉宏的寵愛，之後更成為了皇后，何進地位扶搖直上，以大將軍一職執漢朝武官之牛耳。

後來何進在一場與宦官的朝廷鬥爭中身亡，其子何咸也早死，只留下尹氏和年幼的何晏相依為命。曹操迎獻帝劉協到許縣後，遇見了辛苦撫育何晏的尹氏。大概就是在那一瞬間，激發了曹操的憐愛之心，於是他決定納尹氏為妾，何晏也成為了曹操的養子。

究竟這位尹氏的姿貌如何，歷史並沒有多作著墨，但能讓早已超越另一個自我的曹操如此胃口大開，想必尹氏應該不會輸鄒氏、杜氏太多。

何晏跟秦朗都不是曹操所出，也就是所謂的「拖油瓶」，但曹操對他們的寵愛與親生子女無異，可以看出至少在這一方面曹操心胸頗為寬大，毫不介意養別人家的小孩。

北宋時期的類書《太平御覽》所收錄的〈何晏別傳〉中，用「惠心天悟，形貌絕美」

來形容年幼的何晏，看來不光是天資聰穎，還長得十分可愛，要是在現代完全可以帶著何晏參加《爸爸去哪兒》之類的實境節目。

何晏七、八歲的時候便已博覽群書，曹操有次在書房研讀兵書，對書中有些地方讀不通，正在苦思之際，發現旁邊的小何晏也拿著竹簡看得不亦樂乎。曹操一時興起，便隨口詢問何晏，沒想到何晏竟「一分散所疑，無不冰釋」。

曹操曾為《孫子兵法》作注，兵學造詣自是不在話下。曹操讀不通的地方，不經世事的何晏卻能解惑？這故事恐怕是誇大了。或許何晏只是有條理地說出他的看法，未必是什麼精闢的高論，不過多少能說明何晏從小就非比尋常。

何晏與秦朗兩人處境類似，就連母親改嫁曹操的時間點都差不多，但何晏卻與秦朗低調行事的作風截然不同。《三國志·魏書·何晏傳》裴注引《魏略》記載，何晏的性格「無所顧憚」，就連平時穿的衣服樣式，都比照曹操的次子曹丕。

由於曹操長子曹昂因鄒氏事件喪命，次子曹丕也就成為了曹操的繼承者。何晏的作為，對曹丕而言無異是冒犯，因此曹丕非常討厭何晏，甚至以「假子」來稱呼他，強調自己與曹操才是真正的父子關係。

儘管何晏在曹家的處境有些尷尬，但曹操還是相當疼愛何晏，甚至將自己的女兒許配給他。因此何晏不僅是曹操的養子，還親上加親成了曹操的女婿。

何晏小時候聰慧可愛，成年後更是英俊瀟灑，足以媲美現今的韓流花美男，連何晏本人都為自己的美貌所著迷。為了更增添光采，何晏會在臉上撲粉，並且服用一種名為「五石散」的丹藥，讓肌膚更加白皙透亮。

如果「五石散」是保養品，絕對會找我們的何晏「歐爸[5]」擔任代言人，廣告看板會遍布城內的大街小巷。

何晏過於招搖又自戀的個性，使他前期的政治生涯毫無表現。之後曹丕篡漢、成為魏朝開國皇帝後，何晏被晾在一邊無所事事；繼任的魏明帝曹叡，也同樣不喜歡這個怪里怪氣的父執輩。

《世說新語．容止》當中還有一則有趣的小故事，生動地說明了曹叡對於何晏的態度。

曹叡見何晏臉上的粉底總是打得很厚，每次看都不太順眼，於是想要找個機會作弄他。某年炎夏，曹叡召何晏入宮，請他吃一碗熱呼呼的湯麵，想讓何晏吃得滿頭大汗而掉妝，這樣曹叡就可以看到何晏素顏的模樣。只見何晏吃得滿頭大汗，臉上的撲粉也隨著汗水而溶解，曹叡定睛一看，發現何晏素顏的皮膚竟然比上妝時還更加白皙，真不愧是何晏「歐爸」，撒朗嘿呦[6]！

在曹丕、曹叡兩朝，何晏是「無所事任」、「頗為冗官」。直到曹叡駕崩，曹芳繼

死。

位後，何晏的政治生涯才開始出現了轉折。

當時同為曹氏親族的曹爽，與曹魏重臣司馬懿共同輔佐年僅八歲的曹芳。由於何晏與曹爽頗有交情，因此受到了曹爽的重用，一躍成為了曹魏政壇中的要角。但得意的日子過沒多久，司馬懿就發動了政變，何晏連同曹爽的黨羽皆遭到處決。

雖然何晏在政治上落得淒涼的下場，但他對於儒學的精進，乃至開創魏晉玄學的風氣之先，在中國思想史上占有一席之地，也算是不枉此生。

爭「甄」有意思

再回過頭來說曹操。歷經了搶新娘、泡人家伯母、奪關羽心頭所好，甚至連寡婦也不放過，此時的曹操在人妻攻略上，已經到達了登峰造極的境界……不！只有超越、沒有極限，這位亂世奸雄豈是我們這些凡夫俗子所想的如此簡單！

把時間拉回漢末時期，初步平定黃河以南的曹操與統一河北的袁紹，兩個少年時代的好友，為了爭奪北方霸主地位，不惜生死相搏。這場決戰以袁紹失敗告終，曹操趁勝

撫人妻，毋寧

追擊，一路攻陷了袁軍大本營——鄴城（今河北臨漳）。

《世說新語．惑溺》中記載，曹操進入鄴城之後，所心心念念的就是袁紹次子袁熙之妻，名曰甄氏。甄氏在河北一帶是出了名的美人胚子，曹操早就慕名已久。

正當曹操準備要召甄氏前來之際，身旁的下屬回道：「啟稟大人，甄氏已被公子曹丕搶先一步了，大人下次請先記得來電預約。」

曹操：「幹！」

曹操的人妻攻略出現了意外的挫敗，對手竟然是自己的兒子，原本唾手可得的愛妾，變成了自家兒媳婦。後來曹丕與甄氏所生的兒子，就是先前提到的魏明帝曹叡。

這段逸話後來還加入了曹操的另外一個兒子曹植，一說曹植因為心中思慕兄嫂甄氏，而寫了〈洛神賦〉來表達情意，不過這種說法並沒有確切的根據，只能當作是一種假說。隨著後世的穿鑿附會，曹氏父子三人與甄氏之間的愛恨情仇，被改編成了戲劇《洛神》，在民間廣為流傳。

甄氏到底有多美，從另外一則故事也能窺得一二。曹丕有次舉辦酒宴，邀請了眾多文人參與，宴中酒酣耳熱之際，曹丕讓甄氏出來與賓客們致意。甄氏一出現，眾人盡皆伏拜，不敢多看甄氏一眼，深怕冒犯了曹丕。唯有一個名叫劉楨的文人，見到甄氏的面容時不由得呆了，雙眼直盯著甄氏看，這件事被曹操知道了之後，氣得下令將劉楨逮捕。原本曹操打算處死劉楨，但大概是念在劉楨頗有文采（名列建安七子之一），基於惜才而改罰服勞役。可憐的劉楨，就為了那短暫的「小確幸」而遭受無妄之災。

互蒙其利的好事？

總體而言，漢末三國時期娶寡婦為妻的例子並不罕見，當時對於女子貞節的觀念不像宋朝之後如此看重及嚴苛。比如劉備入蜀後，就娶了正在守寡的劉璋弟媳吳氏為妻；劉備稱帝後，吳氏更被立為皇后。

戰亂頻繁的世道，失去丈夫的女子很難獨自生存，何況還要養育孤子？能夠找到一個有權有勢的男人依靠，或許是比較務實的辦法，因此在那樣的時代背景下，攻略人妻其實不是什麼標新立異的事。

話雖如此，像曹操這樣對於人妻有特別渴望的，的確是稀世少有，因此我想以這句話，為曹操畢生對人妻的狂熱作一番總結：

「無人妻，毋寧死。」

1. 據《三國志・魏書・后妃傳》與〈武文世王公傳〉記載，曹操妻妾共十四位；尚有一位陳氏，見於《三國志・魏書・趙王幹傳》裴注所引《魏略》。

2. 據《三國志・魏書・武文世王公傳》記載，曹操兒子共二十五位；還有六個女兒，三位嫁給了漢獻帝劉協，見於《後漢書・孝獻帝紀》，另外三位分別許配給何晏、荀惲和夏侯楙，見於〈曹爽傳〉、〈荀彧傳〉、〈夏侯惇傳〉。

3. 《世説新語・假譎》：魏武少時，嘗與袁紹好為游俠，觀人新婚，因潛入主人園中，夜叫呼云：「有偷兒賊！」青廬中人皆出觀，魏武乃入，抽刃刦新婦與紹還出，失道，墜枳棘中，紹不能得動，復大叫云：「偷兒在此！」紹遑迫自擲出，遂以俱免。

4. 《三國志・蜀書・關羽傳》裴注引《蜀記》：「曹公與劉備圍呂布於下邳，關羽啟公，布使秦宜祿行求救，乞娶其妻，公許之。臨破，又屢啟於公。公疑其有異色，先遣迎看，因自留之，羽心不自安。」

5. 韓文「오빠」的音譯，本意為哥哥（女性用詞），現引申為對喜愛的男藝人之暱稱。

6. 韓文「사랑해요」的音譯，意思等同中文的「我愛你」。

卸下銀甲也從容——
專訪趙子龍

如果現在馬上舉辦一場「三國角色人氣排行榜」的活動，相信趙雲即使不是冠軍，也肯定名列三甲。趙雲在所有華人的心目中，是一個沒有任何缺點，且集中國傳統美德於一身的完美英雄。

大概是物極必反，網路上針對趙雲的良好形象，作出很多翻案性質的貶抑。大抵不脫趙雲不過是劉備的保鑣、在蜀漢並不被重用；更有甚者，連「趙雲是女性」這種荒謬言論都出現了。

面對這麼多流言蜚語，讓我有了一個奇妙的想法：要是趙雲本人泉下有知，不知他會如何為自己辯駁？因此我以《三國志．蜀書．趙雲傳》以及裴注的《雲別傳》為基礎，藉本人之口，向世人闡述什麼才是最真實的常山趙子龍。

本文原先發表的篇名為〈卸下銀甲也從容 —— 趙雲獨家專訪〉。

「一名騎著駿馬、身著白袍銀甲的少年將軍，手持長槍在敵陣中來回衝殺……」講到蜀漢大將趙雲，想必大家腦中會浮現上述的畫面吧？

三國故事向來都是各種媒介熱衷改編的不敗題材，而趙雲所受到的青睞，更是歷久不衰。被小說戲曲、動漫遊戲充分美化、包裝過後的趙雲，武藝拔群而仁愛寬厚，一身是膽卻又心思細膩，集所有優點於一身，滿足了人們對於完美英雄的憧憬。

但凡物極必反，在這個資訊爆炸的時代，許多貶損趙雲的言論與匪夷所思的傳聞，如同病毒般快速蔓延。這些內容孰真孰假，令人感到混亂。

究竟哪一種才是趙雲的真實面貌？

為了解開大家的疑惑，我經由極為特殊的管道，與趙雲本人取得了聯繫，**至於是什麼管道我不能說。**且聽趙雲將軍親自現身說法！

（註：為了便於閱讀，本文所提及到的人物，均以本名稱呼。）

河北風雲起

普通人：趙將軍您好，感謝您百忙之中抽空接受訪問。《雲別傳》記載您「身長八尺，姿貌雄偉」。今日一見，果真名不虛傳！

趙　雲：哪裡，普兄也是英俊挺拔。

普通人：可不是嗎？趙將軍在華人世界可以說是無人不知、無人不曉，生平事跡不斷地被後世所傳誦。您對此有什麼想法？

趙　雲：感謝大家的厚愛，實在愧不敢當。我只是盡力完成先帝和丞相的託付，其他的事也沒多想。

普通人：趙將軍太謙虛了。我們是不是能先聊聊您出道之前的生活？相信大家都很好奇。

趙　雲：好的。我的家鄉在黃河以北的冀州，是常山國真定縣（今河北正定）人。自趙武靈王「胡服騎射」後，幽、冀二州不分男女，人人皆善騎術，因此我從小就十分熟悉馬的習性，而常山漢、胡雜居，為了跟匈奴、烏丸這些異族打交道，學習各式武技與兵刃防身也是必須的。

普通人：我有另一個問題想問，冀州是不是美女也很多？有首古詩的開頭不就講「燕趙多佳人」嗎？

趙　雲：大丈夫立身處世，應當建立不世功業！普兄難道是那種沉迷於女色的人嗎？

普通人：也不是很沉迷，普通沉迷而已。轉回正題好了，黃巾起義可以說是整個漢末三國亂世的序曲，您可以談談這場嚴重衝擊漢朝的動亂嗎？

趙　雲：亂事發生前兩年，鬧了一場很大的瘟疫。有一批自稱是「太平道」的教徒，來到常山給病人念咒、喝符水，救活了許多人，也因此很多人都入了教。一日，太平道的教主「大賢良師」張角，無預警地號召教眾起義，要他們頭綁黃巾，打著「蒼天已死，黃天當立」的口號，攻占官府、屠殺官員。家鄉有個名叫褚燕的無賴，也打著黃巾的名號趁火打劫，一群流氓地痞跟著他四處鬧事。

普通人：您說的褚燕，就是橫掃河北諸郡的「黑山賊」首領張燕嗎？

趙　雲：沒錯，他大概是想跟張角攀點關係，所以才改了姓氏。張燕的勢力十分驚人，跟隨他的人甚至已達百萬。這時在常山任職的我，負責組織義軍對抗，實在防不勝防，搞得我們疲於奔命。

普通人：黃巾之亂只能算是這場亂世的開胃菜，真正的頭盤可是毀壞朝綱的董卓。趙將軍還記得當時董卓亂政的情形嗎？

趙　雲：常山在黃巾賊連番肆虐後已是殘破不堪，後來我又從旅人口中得知，洛陽朝廷被董卓把持，以冀州渤海郡（郡治在今河北滄州）太守袁紹為首的反董聯軍討伐不成，反使董卓火燒國都洛陽，強行將天子西遷長安。

董卓囂張跋扈，極盡奢侈之能事，在朝中濫殺無辜、姦淫宮中女子，並動用大量民工興建巨大堡壘，還取了個大逆不道的名稱「萬歲塢」；又胡亂更改幣制，嚴重破壞民間的經濟。

普通人：又有豪宅又有美女，實在太令人羨慕了！

趙　雲：你說什麼？

普通人：我說董卓這個奸賊，人人得而誅之！

趙　雲：大家都是這麼想的。反董聯軍解散後，袁紹重返渤海招兵買馬，由於他「四世三公」的背景，吸引了許多門生故吏前來效力。袁紹沒能阻止董卓在長安猖狂，竟為一己之私，逼死同為反董聯軍的盟友韓馥，奪取了整個冀州。

我們不齒袁紹的作為，亦不願聽從他的指揮。眾人共同決議後，常山舉郡加入公孫瓚陣營。公孫瓚的威名，連邊塞的烏丸異族都避之唯恐不及。他還率領一支名為「白馬義從」的勁旅，個個都是以一擋百的騎射好手。

普通人：有了公孫瓚的庇護，常山的百姓就能夠放心了吧！

趙　雲：這固然是考量之一，我們卻有更為重視的東西，那便是「仁道」。唯有仁者，才能夠為人民帶來幸福。我們信服的並非公孫瓚將軍，而是他的長官幽州牧劉虞。若要說有誰能真正被稱作仁者的，非劉虞大人莫屬。

劉虞大人雖貴為漢室皇胄，但生活簡單樸實。他勤政愛民、執法公正，幽州在他的治理下殷實富足，還有餘力收容上百萬的難民。袁紹因此曾想勸說劉虞大人登基稱帝，結果當然是被斷然拒絕了。

普通人：袁紹真是狡猾，擺明就是為了自身利益，想陷劉虞於不義嘛！

趙　雲：我們都清楚袁紹在玩什麼把戲，劉虞大人不願撕破臉，堅持以和為貴，避免河北陷入分裂；公孫瓚卻始終都想與袁紹拚個高下，奪取冀州的統治權。

兩人的想法一直以來都是南轅北轍！就拿烏丸異族的問題來說吧，劉虞大人一向主張安撫合作，與烏丸共存共榮；公孫瓚則想藉著征伐烏丸，獲取更多的利益與功勳。

這樣的歧異越來越大，到後來公孫瓚根本無視劉虞大人的指令，不僅與黑山賊勾結，還縱容士兵侵擾百姓，劉虞大人要援助烏丸異族的財物，也被公孫瓚劫去。劉虞大人忍無可忍，雙方終於兵戎相見。

普通人：公孫瓚是征戰沙場多年的老將，性格溫厚的劉虞又怎會是他的對手？

趙　雲：劉虞大人被公孫瓚拖到鬧市當眾處死，還誣陷他與袁紹合謀要自立為帝。劉虞大人畢生都為黎民百姓著想，他不應落得如此下場。要是劉虞大人生在和平的時代，或許會有完全不同的命運吧！

與先帝的命運邂逅

普通人：趙將軍與劉備差不多是這個時候結識的吧？

趙　雲：在我加入公孫瓚麾下不久後，先帝也帶著關羽、張飛前來投奔。先帝與公孫瓚過去都曾師事於盧植先生，是很好的朋友。

公孫瓚請先帝駐紮在齊國（今山東淄博）一地，並命我隨行。先帝與我一見如故，還讓我統率騎兵隊。與先帝並肩作戰約兩年後，我的兄長去世了，因此我不得不離開先帝，回常山處理後事。告別的那一天，先帝緊緊握著我的手……

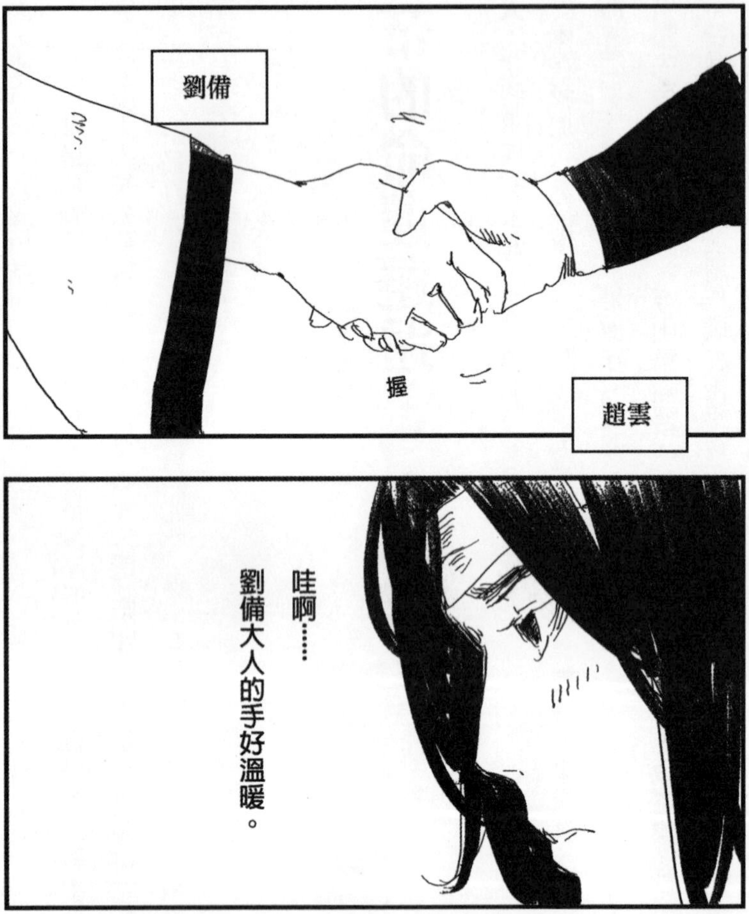
劉備
握
趙雲
哇啊……
劉備大人的手好溫暖。

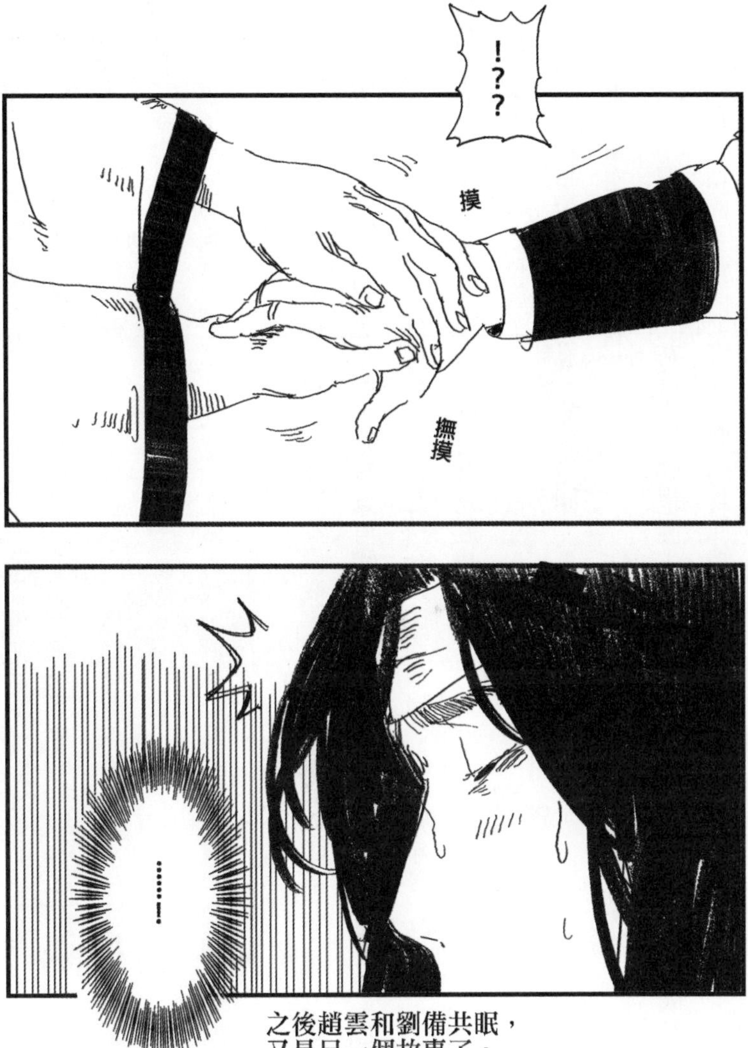

之後趙雲和劉備共眠，
又是另一個故事了。

普通人：握著你的手？

趙　雲：先帝雖不發一語，但我能從先帝的神情當中，看出他內心的不捨。我又何嘗不是如此！猶記得我語氣堅定地向先帝說道：「子龍絕不會辜負您的恩德！」

普通人：這樣問有些冒昧，可我實在很好奇。難道您跟劉備產生了什麼超越主從之誼的情愫了嗎？

趙　雲：普兄想到哪裡去了！在我們那個時代，握著手是交情深厚的象徵，你們不是也常常握手嗎？

普通人：抱歉抱歉，是我誤會了。離開劉備後，趙將軍又做了哪些事呢？

趙　雲：那日一別，我心想此生是難以再和先帝相見了。我既不願回到權欲熏心的公孫瓚那兒，也不想在袁紹底下做事，因此待在常山庸庸碌碌過了八年。

普通人：整整八年都沒事做，簡直就是尼特族嘛！

趙　雲：什麼是尼特族？

普通人：就是說您戒急用忍、能屈能伸。

趙　雲：謝謝普兄的誇獎。

普通人：不要客氣。河北在這段時間也發生了不少事。袁紹將公孫瓚殲滅，成為當世實力最強大的諸侯；曹操則併吞中原的其他勢力，兩人大戰一觸即發。

趙　雲：終究是我與先帝的緣分未盡，當我得知先帝被曹操打敗，北上投奔袁紹時，便連夜前往先帝寄寓的鄴城。我與先帝久別重逢，彼此有許多話語想要傾訴，於是我們就上了床……

普通人：露出馬腳了吧！我就知道你們倆有超友誼關係！

趙　雲：普兄您又誤會了！這床的中間會放上一張几檯，兩人可以手靠在几檯上或躺或坐，輕鬆地聊天，聊得累了還能閉眼小寐一下。此乃先帝表示最大信賴的舉動，跟關羽、張飛也都常常睡在一塊兒的。

普通人：是趙將軍的講法太曖昧了啦！

趙　雲：是普兄您想太多了好嗎？那時先帝的身邊只剩下幾名幕僚，為了幫先帝重振旗鼓，我暗地用盡人脈召募兵士，當中也有不少與先帝失散的人。不久我們趁機脫離袁紹南下，投靠荊州牧劉表，關羽和張飛也陸續趕來會合。

此時此刻，我總算能夠實現報答先帝的諾言。

超友誼關係。

單騎救主的真相

普通人：從鄴城「長征」到新野（今河南南陽），趙將軍應該沒想過會在短短一年時間，經歷如此劇烈的變化吧？

趙　雲：我們能夠在這麼嚴苛的環境下，既脫離袁紹的掌控，又擊退了曹操的軍隊，如今想來還真有些不可思議。

取得劉表的庇護固然是幸運，但這是有附帶條件的。劉表將先帝安置在荊州北境的新野，就是要我們擔當抵禦曹軍的前線。不久後曹操擊敗了袁紹，逐步統一北方；黑山賊張燕也被朝廷招安，就地合法。

普通人：張燕由賊變官，不就是黑道洗白嗎？好像**顏……**

趙　雲：顏什麼？

普通人：……**嚴重破壞朝廷的聲譽。**

趙　雲：朝廷早已被曹操所把持，還有什麼聲譽可言！北方已經沒有威脅，曹操接

七進七出。

下來便要染指荊州了。先帝屢次向劉表建議發兵襲擊許都、迎回孝愍皇帝[1]，都因為劉表的優柔寡斷而無法實行。先帝有志難伸，時常抱怨生活太過安逸，身體都發福了。

普通人：結果曹操親率大軍征伐荊州，滿足了劉備想活動筋骨的願望。

趙　雲：先帝才因為延攬到諸葛丞相而心情變得好些，馬上又得面臨排山倒海的苦難。曹操帶兵南下，劉表又在此時病逝，繼位的次子劉琮不戰而降，情況比在鄴城的時候還糟，我們除了棄新野而逃之外，別無他法。

曹操為了將我們一網打盡，派出他麾下最精銳的軍隊「虎豹騎」，在當陽長坂一帶追上了我們。

普通人：於是有了流傳千古的「長坂坡之戰」！趙將軍在此次戰役一戰成名，聞名天下呀！

趙　雲：與其說是「長坂坡之戰」，倒不如說是「長坂坡大逃亡」吧？先帝不可有任何閃失，必須與諸葛丞相先行撤離，而我在張飛的掩護下，帶著先后[2]與年幼的陛下遠離戰場。

普通人：趙將軍不是手持青釭劍七進七出，如入無人之境，並且斬殺曹軍五十餘員大將嗎？

趙　雲：哪有這種事？我得擺脫他們的注意，專揀偏僻的路走，以確保先后和陛下的安全。

普通人：怎麼這麼平淡？糜氏投井自盡呢？斬殺夏侯恩奪取青釭劍呢？

趙　雲：糜夫人[3]在曹軍南下之前就已亡故，至於什麼青釭劍更是無稽。我能理解你們希望將我設計成萬夫莫敵的形象，可我的首要職責是保護陛下和先后，怎麼可能魯莽在敵陣裡橫衝直撞？

普通人：能夠在大軍環伺之下安然而還，趙將軍也是不簡單。

趙　雲：我只是盡我的本分罷了。

女難當頭

普通人：當陽長坂一役後，劉備與江東孫權共同將曹操大軍擊退於赤壁，遏止了曹操想一舉占領南方的野心，這場戰爭也是奠定日後三國鼎立的關鍵事件。

趙　雲：多虧諸葛丞相臨危受命出使江東，才能順利與孫權結成聯盟。赤壁戰後，我們就開始實行諸葛丞相所構想的「三分天下之計」，第一步就是要先取得荊州。我協助先帝拿下了荊州的南部四郡，並且接任其中桂陽郡的太守。

當時前任太守趙範在我到桂陽進行職務交接時，提出了一個令我為難的請求。趙範兄長早逝，妻子樊氏年紀輕輕就做了寡婦，所以他希望將兄嫂託付於我。

普通人：聽說樊氏是大美女，這可是天上掉下來的禮物，趙將軍何不爽快接受？

趙　雲：趙範和我為同宗，樊氏也就等同是我的兄嫂，納嫂為妻乃胡人風俗，不符我大漢禮法；再者當時一見趙範舉止怪異、眼神飄忽，如此獻殷勤必定有詐。後來他果然心虛而不知所蹤，更證明了我的判斷。

普通人：理由固然是慷慨激昂，您其實是害羞吧？先前問到「燕趙多佳人」的問題時，趙將軍也是閃爍其詞。

天上掉下來的禮物。

草食男。

趙　雲：什……什麼啊！我怎麼可能會害羞？天下好女子多的是，何必非要樊氏不可？

普通人：劉備大概就是看中了趙將軍是個性溫和，毫無侵略性的「草食男」，所以才放心將妻室交給您照顧。

趙　雲：我才不是什麼草食男，我乃堂堂大丈夫！不過先帝確實清楚我做事謹慎，因此先帝出兵攻略蜀地時，便留我在荊州協助諸葛丞相統籌軍務和維持治安。

當時先帝與孫權在荊州歸屬問題上一直談不攏，為防止進一步的激化，因此安排了先帝與孫權之妹的聯姻。孫夫人來到荊州後，仗著自己的身分放縱她的士兵為非作歹，對先帝態度也極不尊重。

普通人：劉備跟孫夫人的感情還真差，與一般大眾的想像差異頗大。

趙　雲：就我的看法，孫夫人根本是孫權派來荊州的眼線。先帝離開荊州前，很擔心孫夫人會尋釁滋事，特別交代我要嚴密監控她的一舉一動。

即使看管森嚴，卻終究百密一疏，竟讓孫夫人逮到機會與孫權聯繫，還挾持了年幼的陛下。幸好我早有防備，與張飛中途攔截了孫夫人的船隻，逼她將陛下交還。

留她在荊州，我們得時刻提心吊膽。她離開對先帝而言，也是好事。

普通人：趙將軍只要遇上跟女性有關的事，就會變得多災多難呢！長坂坡為了保護劉備的妻小而奔波，樊氏又險些讓趙將軍陷於不義，還得忍受孫夫人的囂張跋扈。

趙　雲：這都拜先帝的信任所賜，也算是種光榮的負擔吧！

虎將之末又如何

普通人：趙將軍是一刻也不得閒，好不容易平息孫夫人鬧出的風波，緊接著又要遠赴蜀地協助戰事。

趙　雲：為了支援先帝征蜀，由諸葛丞相親自領兵，並命我另率一支偏師分進合擊。待蜀地大抵平定後，我又隨同先帝北上奪取漢中。

期間我掩護黃忠搶奪曹賊糧草，並使計喝退曹軍，黃忠一鼓作氣斬殺曹營大將夏侯淵，我軍士氣瞬間高漲。憑著這股氣勢終於擊敗曹操，初步實現諸葛丞相的三分天下之計。可惜開心的時光稍縱即逝，短短數年內荊州被孫權奪去，關羽、黃忠、張飛、馬超也接連去世。

得知關羽被孫權所殺的噩耗，先帝不顧眾人勸告，決意興兵討伐孫權，然而卻以大

五虎上將。

敗收場，心灰意冷的先帝因此鬱鬱而終。先帝一生戎馬，好不容易盼到鼎足神州，卻來得太遲、也來得太短了！

普通人：過去讀到這段故事時，心情也非常沉重，更能體會到世事無常。趙將軍提到關、張、馬、黃四位，生平事跡在《三國志》中合併為一傳，也在民間被稱為「五虎大將」，和趙將軍的關係密切。五人看似平分秋色，但歷史記載趙將軍的官職，總是低其他四人一截，傳記排序也在五人之末。對您而言，心裡會不會有些不平衡呢？

趙　雲：關、張二人與先帝是同生共死的交情，也立下不少汗馬功勞，自不待言；馬超在歸附大漢前乃一方之霸，待遇當然不同；黃忠的用兵經驗比我豐富得多，力斬夏侯淵的戰績更是有目共睹，我亦誠心佩服。

先帝向來身先士卒，敢於衝鋒陷陣的將領，自然符合先帝的脾胃。我在這方面與先帝的風格迥異，所以先帝在世我大多坐鎮後方、視情況進行支援，沒有太多亮眼表現也是當然的。

普通人：劉備伐吳大敗時，也是趙將軍負責擊退孫權的追兵，您總是在做收拾爛攤子的工作。

趙　雲：也不能這麼說。陛下即位後，念在我追隨先帝已有一段時間，讓我擔任中護軍一職，負責武官的選拔與訓練，為朝廷培育人才。待局勢安定後，諸葛丞相決定親自舉兵北伐魏寇，我則負責統領另一支部隊，牽制敵方大軍。

那次北伐準備得很完善，計畫也擬得很詳細，卻還是功敗垂成，我人生中的最後一戰竟是如此結果，想起來不免遺憾。

普通人：諸葛亮決定退兵時，趙將軍即使處於劣勢，仍能將兵軍馬糧草的損失降到最低，這已經是非常不得了的成就了！只是明明不是您的過失，卻還要接受降職的處分。

趙　雲：我在大漢諸將中資歷最長，本當以身作則，況且我那時年事已高，官職的高低對我而言也不是太重要。

普通人：趙將軍忠實完成任務，又置個人榮辱於度外，我衷心地感到敬佩。從這次的訪談當中，幾乎將您的人生重新回顧過了一遍，相信讀者們可以藉由這次的機會，對您有更深的認識。在訪談最後，不知道趙將軍還有沒有什麼話想對讀者說？

趙　雲：我記得在先帝剛剛入主蜀地時，曾想把田地房產分配給有功的將領，卻被我嚴正勸阻。蜀地百姓已經承受了太多的苦難，他們長年被外人統治，還要擔負著沉重稅賦與連年不休的戰事，實在不能再任意剝奪他們的財產，這違背了我一直以來所信奉的「仁道」。

你們何其有幸，生在和平富裕的時代，希望你們能夠運用智慧，來化解人和人之間的分歧與對立，不要再有戰爭了。

謝謝大家在這一千多年來，還是那麼地愛護我！

採訪後記

中國古代王朝一向有追諡的習慣，就是依據死者的人格特質及具體作為，來給予適當的稱呼。當時蜀漢後主劉禪賜給趙雲的諡號為「順平」。

「順」是柔賢慈惠，「平」則是執事有班、克定禍亂，用這樣的諡號來評價趙雲，可說是非常貼切。正因他在性格上有著一般男性少見的細膩，也難怪網路上會有「趙雲其實是女性」的謠言了。

如果將劉備陣營比作為一支籃球隊，那趙雲無疑就是這支籃球隊的當家中鋒。他死守禁區、搶奪籃板，讓隊友們在發動攻勢時能心無旁鶩，這種活兒吃力不討好，勝利的光環都給了別人。即使如此，趙雲還是忠實地完成一次又一次的任務。

或許人們愛的不是趙雲在戰場上的勇猛，而是他那低調內斂的魅力吧！

完美英雄。

1. 即漢獻帝劉協。蜀漢方面給予劉協的諡號為「孝愍皇帝」。

2. 指劉備妻子甘氏。

3. 《三國志》記載為麋夫人，非「糜」。

無用謀主與狗頭軍師

對曹操而言，官渡之戰絕對是他人生的重要轉捩點。在這場戰役中，他所面對的是昔日好友、亦是當時實力最為強大的諸侯袁紹。曹操能夠在相對弱勢的局面下擊敗袁紹，有賴他麾下眾多優秀的謀臣武將。

袁紹的敗戰是否代表他底下的人才盡是些酒囊飯袋呢？這樣的結論又似乎太過廉價。本篇以袁紹陣營的「軍師」沮授為主視角，敘述他如何協助袁紹統一河北地區，又如何因為內部派系劇烈的鬥爭，引致在官渡之戰中大熱倒灶。

用不一樣的角度來看待這場北方霸主之爭，相信別有一番感受。

「運籌帷幄之中，決勝千里之外。」

此句原典出自於班固《漢書》，漢高祖劉邦用以讚賞張良的才幹，而這句話也成為我們對於「軍師」的最佳詮釋。

《三國志》所提到的「軍師」，隨著不同的情況，會有不一樣的定位。諸葛亮被劉備任命為「軍師中郎將」，但他的工作是「督零陵、桂陽、長沙三郡，調其賦稅，以充軍實」，明顯是後勤補給的職務。

同樣在劉備陣營底下擔任軍師中郎將的龐統，就比較像是我們大眾所認知的軍師，他不但向劉備提出攻略蜀地的建言，同時又有領兵作戰的紀錄[1]，這表示他還身兼統率軍隊的工作，整個被拗很大。

除此之外，軍師也帶有督軍的色彩，甚至僅為一介閒職。所以我們可以知道，軍師的職責未必就是出謀劃策，就像咱們立委也未必要出席質詢官員，偶爾也會滑進motel活絡民間經濟一樣。單指為主公提供策略、擬定作戰方針的人，《三國志》多以「謀主」來稱呼。

本篇要講述的，是「四世三公」的河北霸主——袁紹麾下謀主集團的故事。

過江龍對抗地頭蛇

袁紹麾下的幕僚大致上可分為兩派：

一派是以郭圖為代表的「汝潁黨」，出身與袁紹同樣的汝南郡，以及相鄰的潁川郡，因此與袁紹的關係較為親近。

另一派則是以沮授為代表的「冀州黨」，也就是出身冀州本土的知識分子，對於袁紹後來經營冀州有很大的維穩作用。汝潁黨與冀州黨，兩派時常處於對立的狀態，誰也不服誰。

關於沮授，《三國志・魏書・袁紹傳》裴注引《獻帝紀》記載他「少有大志，多權略」，表示他是一個擅於出謀劃策、也有遠大抱負的人才。當時董卓火燒洛陽，將獻帝劉協帶往長安，以袁紹為首的討董義軍也因故解散。袁紹回到冀州，取代韓馥成為冀州牧。

在袁紹的大本營——鄴城，袁紹召集眾臣，諮詢日後的走向。身為本土菁英的沮

痴心絕對。

授，立即向袁紹提出了一個未來戰略方針。

「主公您年紀輕輕便在朝廷任官、聲名遠播，又勇於反抗逆賊董卓，來到冀州與其對峙，而冀州一地資源充沛，我軍目前氣勢如虹。」沮授首先客觀點出袁紹的優勢。

「依現在的局面，在下認為應該先攻打東面的黃巾餘孽，再消滅西邊的黑山賊張燕；之後集中火力，征服北方的公孫瓚。一旦取得了勝利，塞外的匈奴也不敢輕舉妄動。」沮授再說到具體行動，消除我方周遭的不安定因素，並壯大實力。

「統一河北後，我們就有足夠本錢招徠人才、募集軍隊、伐董勤王、收復洛陽。主公討賊有功，又掌握了大義，天下豪傑莫敢不從。達成這些目標，依在下的判斷，數年時間足矣！」沮授自信滿滿地道。

袁紹聽完，開心到無法自拔，直說：「對對對！沮卿家說的，就是我內心所想的！」

~~袁大人還真機靈，風往哪吹你就往哪倒，真是佩服佩服！~~

沮授不僅清楚說明現況，擬出了短期和長期目標，還不忘增強袁紹的信心。這個神奇的戰略姑且稱為「鄴下對」，足以媲美諸葛亮向劉備主張三分天下的「隆中對」，以及魯肅向孫權提出二分天下的「榻上對」，**三者合稱──上中下痴心絕對。**

皇帝是法寶還是累贅？

沮授的短期目標倒不難達成，東面的黃巾餘黨先被公孫瓚殺得震天響，這些黃巾餘黨被迫南逃，反遭曹操擊敗，收編成為自己的部隊，稱為「青州兵」。

西邊的黑山賊張燕則與公孫瓚結盟，在袁紹與公孫瓚交戰之際，趁機背襲鄴城。袁紹擊敗公孫瓚後，趕緊回援鄴城，大殺黑山賊達數萬人。自此黑山賊的實力大不如前，已不足為懼。

公孫瓚退回老巢，築了一座巨城，名曰「易京」。《三國志》記載易京「圍塹十重，於塹裡築京，皆高五、六丈，為樓其上；中塹為京，特高十丈，自居焉，積穀三百萬斛。」

「塹」是壕溝、「京」是土堆，公孫瓚挖了十道壕溝，又在壕溝內堆起土堆，並在土堆上建築防禦工事，他自己住在最內圍、最高聳的城樓裡，隔絕於亂世，不再參與逐鹿中原的賽局。

黃巾賊、黑山賊、公孫瓚，這三個袁紹不安定因素的警報解除，北境的異族匈奴也被老友曹操給牽制住[2]。到目前為止，事情都順利地照著沮授的劇本進行。

袁紹初步平定了河北，「鄴下對」戰略進入第二階段。此時董卓已亡，獻帝劉協被董卓的舊部李傕、郭汜兩人給把持。

沮授一直在等待。

終於，一件極為關鍵的消息，傳到了鄴城：獻帝劉協離開了長安，回到舊都洛陽。

「時機到了！」沮授欣喜若狂，急忙稟報袁紹。

「主公，剛剛收到情報，皇帝現在已到洛陽。我軍現在兵強馬壯、錢糧殷實，得趁其他勢力相互爭戰、無暇他顧之際，將皇帝迎來鄴城。如此一來，復興漢室有望！」沮授道。

這時，另一人的聲音打斷了沮授。

「主公且慢！迎天子入鄴城一事，萬萬不可。」說話的人便是汝潁黨代表——郭圖。

「噢？公則（郭圖字）有不一樣的見解？」袁紹問道。

「漢室衰弱已久，要再復興是不可能了，而且天下群雄並起，大家比的是拳頭。」

郭圖說話時，眼神輕蔑地看著沮授。

「把皇帝帶來鄴城，做事便會綁手綁腳。聽他的話，等於把我們的權力讓給他；不聽他的話，又搞得我們像叛臣賊子，這不是自己找麻煩嗎？」郭圖道。

「公則這麼說，也是有道理喔——」袁紹頻頻點頭。

「不可聽信郭圖之言！只要能奉迎天子，就代表我們是正義之師！若是錯過此次機會，肯定會有人捷足先登啊！」沮授激動道。

「嗯……」袁紹沉吟著。

明明袁紹很清楚，要達成沮授的鄴下對戰略，必須要有皇帝在手。為什麼到這個節骨眼上，卻開始猶豫了呢？

因為袁紹心中，根本不承認這個由董卓所立的獻帝劉協是正統皇帝。

四世三公的野望

袁紹脫離董卓掌控，來到冀州時，就曾打算另立同屬皇族的幽州牧劉虞為帝，自己搞一個新朝廷，後來因為劉虞的堅決反對而作罷。

更重要的是，袁紹根本沒打算要復興漢室。

子以令諸侯。

《三國志・袁紹傳》裴注引《典略》記載，之後袁紹暗自派人放謠言道：「赤德衰盡，袁為黃胤，宜順天意。」

在陰陽家的「五德終始論」中，漢朝屬於火德（赤德），五行火生土，也就是說能取代火德的，就是袁紹所代表的土德（黃胤）。至於為什麼袁紹是土德？那是因為袁姓起源可以追溯到帝舜，帝舜屬土德。

自古以來搞政治的都要這樣。想做皇帝，又不敢直接要，所以得搞些光怪陸離的藉口，要讓大家覺得我其實不願意，但這是天意，我只好義不容辭了。

袁紹心中盤算了一陣，決定聽從郭圖的建議，拒絕將獻帝劉協迎來鄴城。沮授的擔憂成真，不久曹操便派人到洛陽迎接獻帝劉協，並將國都遷至許縣。

「**超爽der，撿到皇帝惹！**」曹操歡呼。

很快地，曹操就享受到了奉迎天子的利多。先是與割據關中的諸侯聯合，除掉李傕等人，關中諸侯形式上也歸順了曹操所把持的「朝廷」；再來曹操又可藉皇帝名義，下詔給各方勢力，這些勢力礙於朝廷威嚴，也不得不聽命。這就是我們常常聽到的「挾天子以令諸侯」。

那有沒有不甩漢朝皇帝面子的諸侯呢？袁紹的同父異母弟弟，也是掌控淮南地區的諸侯袁術，就因為無視漢室存在，搶先他老哥用「土德代火德」的理由稱帝，所以下場

挾天

就是被朝廷下達討伐令，最終兵敗吐血身亡。

汝潁黨代表郭圖只看到表面，忽略了「餓死的駱駝比馬大」的道理。漢朝雖已衰弱，但如果有人不信邪想挑戰權威，那就等著被其他人圍爐。要是袁紹能夠貫徹沮授的「鄴下對」，漢末亂世說不定能結束在袁紹手中，但世事又豈能盡如人意呢？

昔日老友決裂

袁紹看著昔日老友意氣風發、實力逐漸壯大，又老是收到「**寫作皇帝、唸作曹操**」的詔令，心中很不是滋味，開始後悔沒有聽從沮授的建議，於是試圖想扳回一城。

袁紹派人傳訊息給曹操，說道：「孟德，許縣天氣潮溼，對皇上身體恐有不良的影響，舊都洛陽又被破壞得殘破不堪。不如孟德你把皇上安排到北方的甄城，那邊風水好氣氛佳，皇上住那兒是最適合不過了。我的觀察啦！」

甄城位於當時曹操勢力範圍的北境，距離鄴城很近。白痴都猜得到袁紹安的是什麼心，更何況是曹操？

於是曹操使出了人類交流史中，爭議性最大的招數。那就是：

已·讀·不·回！

曹操與袁紹斷絕聯絡，事態演變至此，兩家關係降到冰點。

袁紹花了兩、三年時間，擊潰在易京固守的公孫瓚。這時袁紹統一了河北地區，成為天下最強大的勢力。不可一世的他，也不把漢朝皇帝放在眼裡了，開始醞釀跟曹操翻臉。

這時沮授趕緊跳了出來。

「主公，萬萬不可！我們花了不少時間打敗公孫瓚，現在士兵精力尚未回復，糧草又消耗了不少，現在出兵風險很高。」沮授向袁紹說明理由。

「在下認為，可以先將打敗公孫瓚的戰果寫成一份報告，上表朝廷，然後休養生息、靜觀其變。根據過往曹操消極以對的經驗，這份報告肯定會被曹操所忽視，得不到回音，我們便可藉此指責曹操居心叵測。」沮授提出給曹操挖坑的前置作業。

「如此一來，我們就能以聯繫朝廷為由，將軍隊開往前線黎陽（今河南鶴壁）駐紮，打造戰船和兵器，並派遣騎兵隊騷擾曹操、蠶食他的領土，弄得他顧此失彼，我們就以逸待勞。」沮授再陳述執行方案。

沮授這個策略很高，大概有三、四層樓這麼高。他了解曹操的優勢，在於他是漢朝皇帝的代理人，並利用這個優勢反將曹操一軍。如果袁紹採用了沮授之計，便能反客為主，立於不敗之地。

不過這時郭圖又說話了。

「《孫子兵法》說過：『十則圍之，五則攻之。』我們擁有優勢的兵力，應該如同獅子搏兔，率領大軍南下。憑藉主公的神威，消滅曹操是易如反掌。」郭圖諂媚得只差沒搓手。

「郭圖你……！」沮授顯得有點急躁。

「現在曹操擁護皇帝，世人都認為他才是正義之師。主公貿然大張旗鼓進攻，給人觀感就是輕佻驕傲、沒大沒小。勝敗關鍵從不是看誰人多，曹操現在法令嚴明、軍隊訓練有素，與他正面衝突是討不著好處的。」沮授苦口婆心地勸誡袁紹。

「曹操怎麼會是正義之師呢？我們才是正義的一方啊！我們連戰連勝，文武眾臣士氣如虹，現在出擊時間剛剛好！」郭圖氣定神閒地反駁。

沮授說的話中肯、卻不中聽，在袁紹面前盡說曹操的優勢；郭圖盡說些空話，但都打到了袁紹的甜蜜點。袁紹馬屁被拍得很舒

主公神威。

服，決定再次聽從郭圖的建議。袁紹集結了十萬大軍，以當家猛將顏良為先鋒，渡過黃河襲擊曹操。

沮授眼見此事已成定局，心中有滿滿說不出的幹意。但他仍極力振作，向袁紹勸道：「主公，顏良雖然勇猛無比，但他是個急性子，擔任先鋒恐怕不太適合。」

「沮授！你剛剛一直說曹操好話，現在又唱衰我軍。你這次就不要隨軍出征了。」袁紹表情略有不悅，將沮授打發了回去。

講再多都是錯

陳壽在《三國志》中是這麼評價袁紹：「外寬雅，有局度，憂喜不形於色，而內多忌害。」畢竟名門出身，形象要顧，但袁紹卻是十足的笑面虎。沮授一直跟這樣的老闆打交道，真是難為他了。

就在袁軍出兵前夕，沮授把親族家人集合，將家中錢財全數分配下去，跟他們說：「唉！我方強盛的話，錢再賺就有；如果我方氣數已盡，那命都保不住了，還要這些身外之物做什麼呢？」

沮授的弟弟感到不解，問道：「兄長怎麼說這些喪氣話？我方的兵馬資源與曹操相比，有壓倒性的優勢，您擔心什麼呢？」

「我很清楚曹操是當世人傑，而他又擁立了皇帝，站穩了道德制高點。現在主公因為殲滅了公孫瓚而志得意滿，完全無視我方的尷尬立場。這場仗輸定了，我們現在所擁有的一切，將來都會拿來成就曹操。」沮授喟然長嘆。

沮授所擔心的事發生了，顏良被曹操新收的一個王牌叫關羽的給殺了。

袁紹再派另一位當家戰將文醜出戰，同樣兵敗身殞。才剛開戰，就連失兩名大將，袁紹整個人急了，想親率大軍全面進攻。

沮授仍想力挽狂瀾，又向袁紹道：「現在戰局充滿了不確定性，主公您應該留在主營，並派一支部隊往前線推進，待戰事順利，我們再跟上支援。如果現在就全軍出動，要是有個什麼萬一，恐怕我們會一去不回。」

「沮授，給我滾回去！」袁紹臉色鐵青地否決了沮授的勸說。

「為什麼主公就是不聽我的話啊……」沮授用頭撞牆，幾近崩潰。

萬念俱灰的沮授，向袁紹請了長假。袁紹見沮授竟然做出消極抗議，乾脆把直屬沮授的部隊轉交給郭圖統領。

全面執政。

「從現在開始，就是我們汝穎黨的時代了，全面執政啦！」郭圖得意道。

袁紹大軍一步步逼進，曹操回防到官渡（今河南中牟）一帶與其對抗。袁軍攻勢猛烈，曹操一度動念想退守許都，但後來還是勉力支撐。

正在放無薪長假的沮授，仍然心繫戰況，越看是越心焦，於是又不怕死地跑去見袁紹。

「主公，請再聽我一言。我軍素質雖不如曹軍，但他們的存糧卻比我們少，我們應該放緩攻勢，跟曹操打持久戰。」沮授道。

「你不是在放假嗎？現在我軍進展順利，你就好好休息吧！」袁紹十分不耐。

「就是說啊，別再講些五四三的，看我軍怎麼痛擊曹操吧！」郭圖附和道。

好死不死，就在曹操快要挺不住袁紹的攻勢之時，軍事科技突然出現了重大突破。曹軍推出了最新款的強力投石車，被袁軍稱為「霹靂車[3]」。

「霹靂車，尖端科技的結晶，是一部人性化的萬能投石車。出現在我們這個無奇不有的世界，刀槍不入，無所不能。」曹操穿著黑色高領上衣，在臺上發表這個新產品。

霹靂車強大的破壞力，成功阻止了袁紹的攻勢，曹操的危機暫時解除。就在這個時候，曹操看見了一絲勝利的曙光。

他收到情報，得知袁紹的糧草大本營設在烏巢這個地方，於是曹操開始著手準備奇襲烏巢。袁紹的阿基里斯之踵，不只曹操發現，沮授也發現了。

「主公——」沮授衝進主帥營帳。

「你又想怎樣啊！」袁紹終於沉不住氣了。

「曹操恐怕會打烏巢的主意，主公快加派軍隊支援，防止曹操奇襲啊！」沮授急道。

「閉嘴！我不想再見到你的臉！」袁紹破口大罵。

謀主的末日

袁紹再也不用聽到沮授囉嗦了，曹操成功奇襲烏巢，把袁紹的糧草燒得一乾二淨。袁軍全面崩潰，被曹操殺掉近八萬人，十萬大軍只剩兩萬回到鄴城。此戰便是堪稱漢末三國時期三大戰役之一的「官渡之戰」。

一切來得太突然，沮授來不及跟著袁紹逃走，就被曹操給俘虜了。

曹操先前就十分欣賞沮授的才能，多次想要勸降沮授，但沮授態度堅決，無法動

賭海明燈。

搖。曹操也很大器，將身為戰俘的沮授以上賓之禮對待。期間沮授曾試圖脫逃未果，曹操明白此人無法說服，只好將他處死。

官渡戰後，局勢逆轉，袁紹從此一蹶不振，跟他弟弟袁術一樣吐血身亡。袁紹死後，河北勢力分成兩塊，冀州黨擁立袁紹三子袁尚，汝潁黨則是輔佐長子袁譚。

袁譚、袁尚兩人不知死活，上演著兄弟鬩牆的濫戲碼。盡出餿主意的郭圖與袁譚被曹操所擊破，兩人雙雙被斬。之後曹操再將袁尚討滅，從此統一北方。

由於曹操成了這場戰爭的勝利者，所以會有曹營人才技高一籌的感覺，但其實袁紹帳下的智囊團中，也不乏沮授那樣的高手。

除了沮授之外，冀州黨也有一號人物，名叫田豐。〈袁紹傳〉裴注引《先賢行狀》形容田豐「天姿瓌傑，權略多奇」，他與沮授英雄所見略同，皆主張奉迎天子以及用騷擾方式削弱曹操，實為不下沮授的優秀謀主。

不過同樣地，田豐屢受汝潁黨的謀士逢紀打壓，在袁紹出兵攻打曹操前夕，田豐被下了獄。袁紹戰敗退回河北後，原本對於沒能聽從田豐的建言而感到慚愧，但逢紀從中搧風點火，汙衊田豐在獄中正在嘲笑他，袁紹漸生殺機，最終下令處死田豐。

總結曹、袁之爭，曹操勝在懂得整合協調不同的意見，使團隊目標一致、齊心合力；反觀袁紹，《三國志》評論他「外寬內忌，好謀無決，有才而不能用，聞善而不能納」。說白了，就是**講又不聽、聽又不懂、懂又不做、做又做錯、錯又不認、認又不改**，底下的人急個半死，他還在**「無所謂的是非、放開雙手任由你想像」**。

而汝潁黨的郭圖，根本就是地獄倒楣鬼，提出的策略沒有一件成功的。他究竟是為什麼可以擔當軍師大任呢？應該要帶他去澳門賭一把，押大開小、買莊開閒，簡直是賭海明燈。

話又說回來，即使袁紹看起來實在稱不上是好老闆，但奇妙的是，卻能讓沮授和田豐如此死心塌地效忠，或許袁紹也沒有那麼不濟，只是對手太強罷了！

1. 《三國志．蜀書．龐統傳》：「進圍雒縣，統率眾攻城，為流矢所中，卒，時年三十六。」
2. 《三國志．魏書．武帝紀》：「太祖要擊眭固，又擊匈奴於夫羅於內黃，皆大破之。」
3. 《三國志．魏書．袁紹傳》：「太祖乃為發石車，擊紹樓，皆破，紹眾號曰『霹靂車』。」

袁紹
沮授
主公現在實在不宜再出兵啊我個人認為還是先休養兵力再靜待敵軍下一步然後我方
呃……嗯……

我們現在氣勢如虹，應該繼續大殺四方、讓天下見識主公您的威武呀——！
郭圖
唔……真的嗎？

是否出兵呢？
是
否
按

……有時真的很想
換老闆呢……。

淘氣公子曹子桓

對三國之中的曹魏而言，創建者曹操的重要性無庸置疑，後來的魏明帝曹叡在面對諸葛亮北伐時，表現也可圈可點。夾在兩者之間的魏文帝曹丕，就相對顯得有些無足輕重。

一般人對於曹丕的印象，除了他是曹操的兒子，以及為爭奪繼承權欺壓弟弟曹植、逼迫漢獻帝禪讓等不甚光彩的事跡外，就剩下他所著作的《典論・論文》了。實際上曹丕是很有趣的人，很多的行為舉止與曹操都頗為相似，只是少了些霸氣，多了些輕浮。

本篇可算是〈人妻殺手曹孟德〉的姐妹篇（啊，應該說是「父子篇」）。

人命的輕浮。

曹丕，字子桓。曹操的次子，三國曹魏的開國皇帝，也是將四百餘年國祚的漢朝掃入歷史灰燼的魔鬼終結者。我們都心知肚明，曹丕不過是收割父親辛苦打下來的江山，「開國皇帝」這個頭銜，總是顯得不夠真材實料。

《三國演義》描寫曹丕，著力在他跟弟弟曹植進行繼承人爭奪戰，以及吃相難看地將獻帝劉協踢下皇位；還有在位期間大舉親征孫權，反被打得落荒而逃的故事。若是從上述情節判斷，大概會認為曹丕是既沒才調又輕浮的二世祖。

事實上，單就個人才華來說，曹丕可稱得上是文武雙全。

曹丕的成長歷程，恰好是在曹操事業飛黃騰達的時候，因此他自幼便身處衣食無虞的環境，並接受完整的菁英教育。飽覽群書自是不在話下，就連騎馬、射箭、擊劍等武藝，曹丕都有不俗的造詣。

另外值得一提的是曹丕的文學成就，他的〈燕歌行〉是中國現存最早的七言詩，其著作的《典論．論文》，更是在中國文學評論史中有著不可動搖的地位。可惜的是有弟弟曹植珠玉在前，父親曹操亦是文采卓越，曹丕的文人光芒多少被掩蓋掉了。

但不可否認，曹丕確實是有他輕浮的一面，而且輕浮起來真要人命。

不懂你的黑色幽默

董卓把持朝廷時期，為了應付反董聯軍的進逼，強行將國都西遷至長安。董卓死後，底下將領開始內鬥，長安政局亂成一團。數以萬計的居民頓失生計、無家可歸。

當時有個叫王忠的亭長，也隨著大批民眾逃難。途中王忠實在是餓得發慌，但周遭已經找不著東西吃了。在無計可施的情況下，他不得不靠著吃人肉來維持生命。

大難不死的王忠，輾轉之下投入了曹操陣營。曹丕不知從哪個管道聽說了王忠過去這段獵奇經歷，於是他決定要給這位新進員工一個「特別照顧」。

一日，曹丕帶著大批人出遊，恰好王忠也是公子旅行團的成員之一。大夥兒騎馬馳騁、談笑風生。此時有個負責娛樂表演的雜耍藝人，突然在王忠的馬鞍繫上了一顆骷髏頭。王忠見狀，一時不知該作何反應，接著就見到了曹丕似笑非笑的神情。

「這是我命人從亂葬崗撿來的，你不喜歡嗎？」曹丕道。

「恕屬下愚昧，不知公子是何用意？」王忠惶恐問道。

「聽聞王大人曾經吃過人肉，現在見到骷髏頭，是不是肚子又餓了啊？噗哈哈哈——這兒有人魔呀！好可怕啊！」曹丕說完，忍不住哈哈大笑[1]。

王忠除了尷尬陪笑外，他又能怎麼樣呢？

之後王忠還有在宴席勸架的記載，可見他屬於性情溫和的老好人類型，對於曹丕在傷口上灑鹽的玩笑，大概也沒怎麼放在心上。

所幸王忠的仕途尚稱平順，一路無風無雨、安全下莊，真是可喜可賀。

隨著河北袁氏的敗亡，曹操將行政中樞由許都轉移至鄴城。政局穩定後的鄴城也漸漸繁榮昌盛，以曹操、曹丕、曹植父子為代表的眾多文人在鄴城進行創作，發展出璀璨的文學風氣。由於此時的年號為「建安」，因此這段時間所創作的作品，被稱為「建安文學」。

曹丕在《典論·論文》中，列舉了七名他認為當世才華洋溢的文人，分別為孔融、陳琳、王粲、徐幹、阮瑀、應瑒、劉楨，這就是大名鼎鼎的「建安七子」。

七子之中的王粲，家世非常顯赫。他的曾祖父和祖父皆擔任過三公，父親也曾在大將軍何進底下做過事。王粲從小就顯現出驚人才華，連名士蔡邕都自嘆不如。

王粲是怎麼個有才華法呢？首先是他天生就有過人的記憶力，走路時經過路邊石碑，他稍微看一眼就可以將碑文默背；棋局弄亂了，王粲可以一子不差地重新復原。

就是因為王粲可以過目不忘，所以也使得他非常博學。寫文章基本上只寫一遍，就已經無懈可擊，根本不需要再修改；連年戰亂而失傳的典章制度，也因為早記到他的腦海裡而得以恢復。除此之外，王粲的口才也相當了得，時常講得其他人不知如何應對。

這些都還不算什麼，王粲連數學都很有一套。要是他生在現代，肯定會是讓老師自慚形穢的超級學霸。**值得慶幸的是，王粲長相又矮又醜，多少讓人心理平衡些，可見老天爺還是公平的。**

曹丕在文學方面，與王粲的互動是七子之最，相信他們也在這個過程中，結下了深厚的友誼。在王粲以四十一歲的壯齡病逝時，曹丕親自出席了他的喪禮。

「各位，相信我們都因為仲宣（王粲字）的早逝，心情十分悲痛。」曹丕面容哀戚道。

喪禮的賓客們默默點頭。

「記得仲宣曾經對我說過，他最喜歡聽驢子的叫聲。如今他再也聽不到了……」曹丕說到一半，不禁有些哽咽。

「所以我想，不如我們在場每位都學驢子叫一聲，當作是我們對仲宣最後的餞別，好嗎？」曹丕說完，環視在場眾人。

由於那時曹操已經受封魏王，大家不敢忤逆曹丕這位王世子，於是拚命回想究竟**「What the donkey say」**，在莊嚴肅穆的喪禮中，令人忍俊不禁的嘶聲此起彼落[2]。

究竟王粲是不是真的喜歡聽驢叫，也只有曹丕才知道了。

得罪了公子還想跑

在王忠與王粲身上發生的事，充其量只是曹丕可愛的小玩笑。接下來被曹丕惡整的苦主，可就完全笑不出來了。

在前篇〈人妻殺手曹孟德〉提及過，曹操降服宛縣的小軍閥張繡之後，一時無法克制對人妻的渴望，貪圖鄒氏美色。張繡深覺受辱，憤而帶兵夜襲。曹操長子曹昂、侄子曹安民、隨扈典韋都在這場譁變中喪生，給了曹操慘痛的教訓。

當時年僅十歲的曹丕也在事發現場，幸虧曹丕**自幼受過嚴格的武術訓練**，才得以僥倖逃脫。曹操為了雪恥，從此年年都與張繡交戰，過程當中互有勝負，但就是沒能將張繡徹底殲滅。這樣膠著的局勢，一路持續到官渡之戰前夕，才出現了變化。

袁紹使者來到宛縣，打算招攬張繡聯手對付曹操。袁紹此時已平定河北，實力為當世最強，而張繡又與曹操有不共戴天之仇，有了袁紹這個強大靠山，應該樂得恭敬不如從命才是。

張繡的謀士賈詡可不這麼想，他不但將袁紹使者給打發走，還勸說張繡向曹操投誠。由於賈詡的論述極具說服力，因此張繡決定再度歸附曹操。曹操得知消息後，開心得直握著張繡的手，不僅大開宴席熱烈歡迎，還安排自己的兒子曹均，迎娶張繡女兒為妻，兩人成了親家。

曹操忠實地實踐了**「沒有永遠的敵人，也沒有永遠的朋友，只有永遠的利益」**這項政治鐵律，當前他必須全心全意對付袁紹，不能再跟張繡糾纏不清。只要對方肯低頭，過去恩怨皆可拋。

張繡加盟曹營後，才幹得到了充分發揮，在官渡之戰表現活躍，曹操也不吝對其封賞，待遇比過去窩在宛縣還要好上許多。若無意外，張繡往後人生將會是一片光明。人生卻總是會有意外的。

「宛縣事件」的十年後，當年落荒而逃的小曹丕，如今已長大成人了。那夜父親提著褲子驚慌失措、兄長英勇奮戰壯烈成仁，他全記得一清二楚，所以曹丕特意將張繡找來見面。

「不知公子將屬下找來，所為何事？」張繡恭敬問道。

「沒什麼，就只是想看一個人可以無恥到什麼程度。」曹丕冷冷道。

「公子是指當年宛縣之事嗎？」張繡冒著冷汗，戰戰兢兢地問道。

「虧你還敢提呢！你殺了我兄長，還厚顏無恥依附我父親，我要是你就躲在家裡不見人了！」曹丕怒聲道。

面對曹丕的咄咄逼人，張繡也只得低頭認錯，絲毫不敢多說什麼。這類情事可不只一次，曹丕心血來潮就把張繡叫來罵一頓，搞得張繡再也無法承受壓力，最後自盡身亡[3]。

賈詡的際遇比張繡好得多，他在曹操底下深獲重用，曹魏時期還官至三公之一的太尉，以七十七歲高壽善終。

張繡說不定會在另一個世界責怪賈詡，可任賈詡如何神機妙算，又豈能料得到張繡會死於曹丕的精神轟炸呢？

「抱歉囉！**投資一定有風險，政治投資有賺有賠，同意前應詳閱公開說明書。**」賈詡或許會對著哀怨的張繡，俏皮地吐舌眨眼這樣說。

精神轟炸。

叔叔算甚麼

張繡的悲劇結局，固然很大責任得歸咎於曹丕。但曹操如此器重張繡，張繡若是臉皮厚一些，曹丕也不能拿他怎樣，畢竟曹操才真正掌有生殺大權。直到曹丕當上皇帝後，他那讓人不敢恭維的壞心思，才徹底獲得了解放。

首當其衝的，便是一路跟隨曹操征戰多年的老將于禁。

于禁替曹操立下不少汗馬功勞，他重榮譽、守紀律的人格特質，都讓曹操極為欣賞。如此穩重的于禁，竟在與關羽的作戰中落敗且投降，而轉投曹操短短五年的將領龐德，反而寧死不屈，兩人形成了強烈的對比。

「唉！我與于禁相知相惜三十年，想不到當他遇上危難時，竟然不如一個新降的龐德。」當曹操得知消息時，不禁感慨著。

在關羽被孫權擒殺後，于禁又被迫遷移到江東。孫權為了示好，將于禁遣返回曹魏。等到曹丕見到于禁時，他已滿頭華髮、面容憔悴，再也不是過去那個精明幹練的武將了。

對于禁而言，眼前一切可真是物換星移、滄海桑田。想到此處他便泣不成聲，對著曹丕直磕頭，希望能藉此稍稍忘卻心中莫大的罪惡感。

「勝敗乃兵家常事，文則（于禁字）叔叔無須太過介懷。等過陣子身子養好了，還有許多事情要仰仗您呢！」曹丕溫言寬慰道。

話才剛說完沒多久，曹丕又命于禁出使孫吳，要他嘗嘗重返傷心地的滋味。不僅如此，還要他出發之前，先去拜謁曹操的陵墓。當于禁來到陵墓時，見到壁畫上畫著關羽戰勝後的英姿、龐德勃然大怒的神情，以及自己搖尾乞憐的模樣。

當然這都是曹丕的特意安排，為的就是要狠狠羞辱眼前這個可憐的老頭子，而他也確實達到目的，于禁無法承受這樣的衝擊，在既慚愧又憤怒的複雜情緒下，發病身亡[4]。

于禁與曹丕無冤無仇，就已受到如此殘忍的對待，跟曹丕有過節的就更不用說了。

「**招惹我的代價，可是很嚴重的喔！呵呵呵——**」曹丕得意地笑道。

曹操充滿傳奇的一生中，經歷過不少危機，前述的「宛縣事件」便是其中一例。而早在他參與反董聯軍之時，就曾被董卓軍隊猛烈追擊，幾乎身死。當時曹操身上中箭，座騎也陣亡了，在千鈞一髮之際，堂弟曹洪急忙搭救，將自己的馬讓給了曹操。曹操擔憂曹洪安危，堅決不肯答應。曹洪是這麼回答的：

「天下可以沒有曹洪，但是不可以沒有你曹操！」

就是這麼帥氣的話，讓曹操對這個堂弟感念在心頭。當然後來兩人都有驚無險，曹洪也忠心耿耿地守護著曹操的霸業。

曹洪家境十分富裕，加上他本人又勤儉持家，說難聽點就是吝嗇，因此他的財產甚至多過曹操。曹丕年輕時曾向曹洪調過頭寸，卻被打了回票，從此曹丕就對這個小氣堂叔懷恨在心。

到了曹丕當皇帝時，終於給他抓到了把柄。有次曹洪家中的門客犯了法，曹丕刻意將事情鬧大，下令把曹洪關入大牢，準備處以死刑。這個命令下達後，頓時引發了很大的反對聲浪，朝中大臣反對不說，連皇室都鬧起了家庭革命。

「要是沒有曹洪，大魏哪有今日榮景？我不准你動他一根汗毛！」曹丕的母親卞太后厲聲道。

「太后息怒，還請太后不要干預陛下執法……」曹丕的皇后郭女王在一旁試圖勸說。

「我管定了！要是曹洪活不成，我看你這皇后也別當了！」卞太后對著郭皇后吼道。

「不然這樣好了，曹洪死罪可免、活罪難逃，朕將他所有身家充公……」曹丕安撫道。

「不．行！」卞太后斬釘截鐵道。

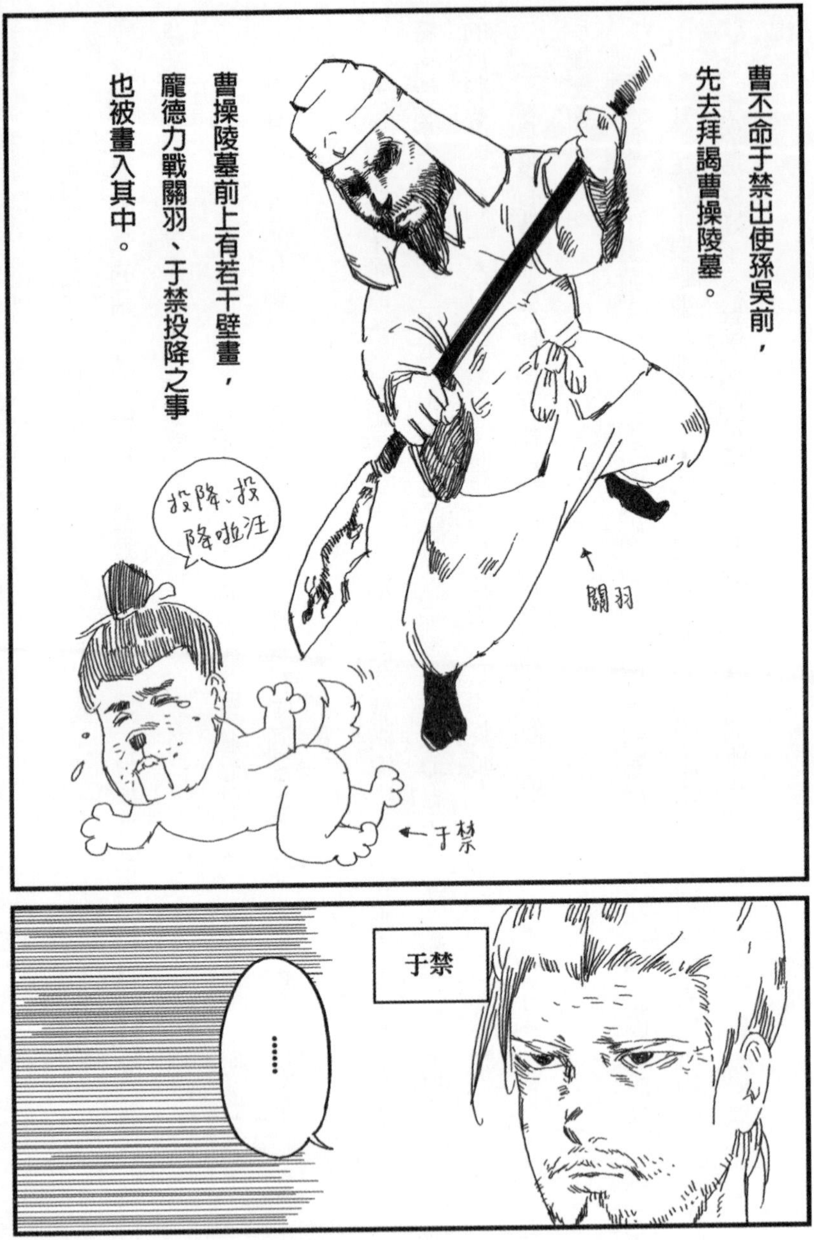
曹丕命于禁出使孫吳前，
先去拜謁曹操陵墓。
曹操陵墓前上有若干壁畫，
龐德力戰關羽、于禁投降之事
也被畫入其中。
投降、投降啦汪
關羽
于禁
于禁
……

請把「汪」改成「喵」。
我是貓奴啊。
曹丕
這老頭……在意的點竟然是這種地方嗎!?

曹丕看著母親發飆怒吼和妻子哭天喊地，知道自己謀占曹洪財產的詭計失敗了。無奈之餘決定退讓一步，僅剝奪曹洪官職，將其貶為庶人，曹洪總算是保住了一條小命。直到曹丕駕崩、其子曹叡繼位後，曹洪才再度被起用。

猜不透的兄弟情誼

在三國相關的各種衍生創作中，曹丕與曹植這對兄弟往往被形塑成不共戴天的仇敵。曹丕陰險狡詐、曹植天真爛漫；曹丕最終成為贏家，而曹植卻得到了世人的同情及惋惜。然而回歸歷史，這樣的理解真是正確的嗎？

先講結論：曹植之所以會在這場繼承人之戰中落敗，真正原因是他自己不爭氣，怨不得別人。

由於曹植在文學上的超人天賦，讓曹操對其寵愛有加，甚至一度想將曹植立為儲君，但曹植為人不修邊幅，又常常貪杯誤事，這就註定他遲早會惹上麻煩。

有次曹植駕著馬車，擅自在「馳道」上行駛，自以為在玩極速傳說。馳道是只有皇極速傳說。

帝、王公重臣以及傳令使者才有權使用的專用道路，曹植在馳道上「**頭搖又尾擺**」，是非常不適切的行為。曹操得知後勃然大怒，從此對曹植的評價就每況愈下。

曹丕在這方面的手腕，就比曹植來得高超。他採取韜光養晦的策略，不說不該說的話、不做不該做的事，裝乖寶寶來博取曹操的好感。

至於曹丕欺壓曹植的事跡，最具代表性的便是「七步成詩」。

「七步成詩」一事收錄在《世說新語》。敘述曹丕要求曹植在七步之內創作出一首詩，不然就要殺了他，曹植徹底發揮他的才學，成功達成考驗，並在詩中暗喻兄弟自相殘殺的傷悲，讓曹丕感到羞愧。

這則典故固然眾人皆知，但仔細推敲後會發現其中盲點。

若曹丕真要將曹植置於死地，何必自作聰明搞個彆扭的「七步成詩」大挑戰，反讓曹植有機會逃過一劫呢？直接安個罪名殺了豈不省事？

雖然「七步成詩」不合常理，但曹丕處心積慮地防備著曹植也是事實。

曹丕在位期間，數次更改曹植的封地，用意在避免他與當地勢力勾結，並且嚴禁曹植與其他宗室交流，甚至連同道而行都不被允許；配給他的幕僚盡是些拐瓜劣棗，護衛的兵士也非老即殘。曹植曾經向曹丕表達想為國效力的心意，但得到的回應都是些空口白話。

屁孩。

曹植最後在極其鬱悶的心情下病逝，晚景淒涼。

話又說回來，曹丕對待其他兄弟也好不到哪裡去，並非只針對曹植，而曹丕與曹植也並非生來就不對盤。曾經有一次曹操帶兵遠征，包括曹植的其他兄弟們全體從軍隨行，唯獨曹丕在鄴城留守。當時曹植有感於要和兄長分別，寫下〈離思賦〉表達不捨；曹丕也基於和曹植同樣的心境，作了〈感離賦〉來唱和。

可見曹丕與曹植之間，應該是有某種糾結的情緒存在。這種情緒不能單純地用喜歡或憎惡來形容，但又不知該如何解釋。或許這就是生在帝王家的悲哀吧！

朕就是這樣任性

如果每個男人的心中都住著一個男孩，那曹丕的心中，住的肯定是個麻煩的屁孩。

曾經視如珍寶的甄氏年老色衰了，曹丕有了新歡郭女王後就將她賜死，甄氏死時披頭散髮、嘴裡塞滿了稻穀，令人不忍卒睹；有人因為勸誡曹丕少打獵而被殺、有人因為阻止他出征孫吳而被殺、有人因為公開表達欣賞曹植而被殺，理由沒一個正當的。

曹丕罄竹難書的劣跡，不禁讓人產生「將國家交給這種人統治真的好嗎？」的疑問。

可是曹丕在位期間，推行了由重臣陳群所制定的「九品官人法」，大大影響了整個魏晉南北朝的官吏選任；重新開通西域，重振華夏過往聲威；多次賑濟災民、援助弱勢；大力推廣教育、屏除迷信；同時他也減輕刑罰、嚴禁私下尋仇，讓長年戰亂後的北方，得到了一定程度的恢復。

曹子桓，**我真是猜不透你啊！**

1. 《三國志．魏書．武帝紀》裴注引《魏略》：「五官將（指曹丕）知忠嘗噉人，因從駕出行，令俳取冢間髑髏繫著忠馬鞍，以為歡笑。」
2. 《世說新語．傷逝》：「王仲宣好驢鳴。既葬，文帝臨其喪，顧語同遊曰：『王好驢鳴，可各作一聲以送之。』赴客皆一作驢鳴。」
3. 《三國志．魏書．張繡傳》裴注引《魏略》：「五官將（指曹丕）數因請會，發怒曰：『君殺吾兄，何忍持面視人邪！』繡心不自安，乃自殺。」
4. 《三國志．魏書．于禁傳》：「帝使豫於陵屋畫關羽戰克、龐德憤怒、禁降服之狀。禁見，慙恚發病薨。」

友情歲月之臧霸故事

如果不是對三國故事較為了解的讀者，大概會對臧霸這號人物感到陌生。小說《三國演義》所描述的臧霸只不過是一個曾經在呂布帳下後來轉投曹操的武將，如此而已。

有別於小說形象的臧霸，歷史上的臧霸可是要厲害太多了。

臧霸嚴格來說並不從屬於呂布，他們比較像是為了彼此的利益而互相合作。即使在曹操統一北方後，臧霸仍若即若離地「半獨立」於青、徐二州，再加上他出身草莽，因此頗有「黑金政治」的味道。

為了增添文章的趣味性，我挪用了《古惑仔》、《五億探長雷洛傳》等港片元素，作了一次大膽的翻玩，藉此強化臧霸的江湖形象，希望大家喜歡。

臧霸
臧霸與他的
泰山寇夥伴們

父親大人……你們泰山寇這麼厲害的話，為什麼《三國演義》裡都沒
你……給我去睡覺！
臧艾

魏明帝曹叡時期。

年事已高的臧霸望著府邸庭院裡的水池許久，心中千頭萬緒。此時臧霸的長子臧艾，走近他的身邊，說道：「父親，該回去吃飯了。」

「艾兒，你知道做人這麼辛苦，是為了什麼？」臧霸問。

「不知道，父親。」臧艾不解。

「就是為了吃飯。」臧霸說完，徐步走回邸內。

上述對話是來自香港電影《五億探長雷洛傳II之父子情仇》的結局，劇中劉德華所飾演的主角雷洛，在當上縱橫黑白兩道的香港總華探長之際，為了躲避廉政公署的追查，全家移民至加拿大，過著閒雲野鶴的生活。

雷洛與一千八百多年前的臧霸，生平頗有雷同之處，借用這段對話，我認為可以充分表現臧霸回顧過去人生時的感嘆。

黑金政治。

衝撞公權力的孝順少年

時光倒流回到東漢末年靈帝劉宏時期。臧霸，字宣高，出身自泰山華縣（今山東臨沂），當時的他還只是十八歲的少年，父親臧戒的工作是獄掾（獄卒），父子兩人相依為命。

臧戒為人剛正不阿，而當時的長官泰山太守毫無執法概念，常常沒有仔細審問便擅自定罪，或是為了私人恩怨亂栽贓。臧戒秉持公義，阻止許多冤獄的發生。一介小小獄掾屢次與太守作對，這讓太守很沒面子。

太守終於忍不住了，決心要處理臧戒，隨便定了「以下犯上」的罪名將臧戒逮捕，準備收押到泰山郡的首府奉高縣（今山東泰安），送押臧戒的人約莫一百多個。臧霸聽聞父親被抓，知道他命在旦夕，於是二話不說決心要劫囚。

臧霸雖然年輕，但可能受了父親的影響，為人很講義氣，鄉里少年都跟隨著他。臧霸這麼一招呼，竟有幾十名少年響應。臧霸帶著他們日夜兼程，總算在費縣西山（今山東費縣）一帶，追上了送押臧戒的部隊。

「今天我是來帶我老爸走的，跟你們無關。誰敢阻止我，我這班兄弟的刀可不長眼。」臧霸手拿開山刀，環視眾人，站在臧霸後面的幾十人也一起叫囂。

總是有人不信邪地衝向臧霸，結果都被他手起刀落。一百多人看到臧霸這麼凶狠，竟然沒一個敢動。

臧霸踢破囚車，解下臧戒的木枷，幾十人圍著臧霸父子，全身而退。劫囚救父一事，打響了臧霸的名號，從此泰山一帶沒有人不知道他。不過劫囚畢竟是大罪，臧霸為了提防泰山太守派人追捕，只能帶著父親亡命天涯。

飛將與奸雄的考驗

時機來得總是巧妙，不久後就發生了黃巾起義，那時也沒人在乎臧霸的劫囚之罪了。臧霸輾轉投靠了陶謙，並隨他一同討伐黃巾賊。

在《三國演義》的陶謙，給人感覺是一個溫文敦厚的長者，但是歷史上陶謙的形象完全跟溫文敦厚扯不上關係。據《三國志．魏書．陶謙傳》記載，陶謙少時就「以不羈聞」，做事我行我素；為人「剛直」、「有大節」，是一個有如連恩．尼遜（Liam Neeson）般的硬漢。

黃巾亂起，陶謙被調派到徐州擔任刺史，受命平亂，如此真性情的陶謙遇上了臧霸，想必是一見如故。亂事平定之後，陶謙任命臧霸為騎都尉（武官職），並讓他駐紮在開陽（亦屬今山東臨沂）。開陽鄰近臧霸老家華縣，也稱得上是「衣錦還鄉」了。

臧霸有了地盤，找了孫觀、孫康兄弟、尹禮、昌豨、吳敦這幾個以前跟他混的朋黨，來到開陽成為他的部屬。然而人在江湖，怎可以沒有花名傍身呢？**君不見什麼「烏鴉」啦、「笑面虎」啦，名號亮出來多有氣勢。**

臧霸花名「奴寇」、孫觀花名「嬰子」、吳敦花名「黯奴」、尹禮花名「盧兒」，這些花名雖然聽起來不怎麼樣，但相信當時肯定狂到不行。這群以臧霸為首的勢力，稱之為「泰山寇」。

其中昌豨的花名，史書上並未記載，但昌豨本名叫昌霸，跟臧霸同名，昌豨也許是避諱，把名字改了。「豨」就是豬的意思，大概意指自己像野豬一般勇猛，不是什麼貶意。

另外我必須鄭重聲明，**歷史上真的有吳敦這個人，**絕對沒有影射什麼影視大亭，千萬不要誤會。

隨著時局的發展，徐州成了群雄競逐的戰場。曹操多次攻打徐州，搞得陶謙焦頭爛額。在他臨死之前，將徐州交給了劉備治理。此時徐州就像一塊人人垂涎的肥肉，不只是曹操想要，割據淮南的諸侯袁術與「飛將」呂布同樣也虎視眈眈。

臧霸面對這諸多混亂，所採取的策略就是守住開陽、觀望局勢。

後來呂布趁劉備與袁術爭戰之際，趁虛而入奪取徐州，徐州二度易主，劉備反向呂布求和；過沒多久兩人又起紛爭，劉備敗走，轉投曹操。

開陽所屬的瑯琊國，長官名為蕭建。理論上臧霸必須聽命於蕭建，但實際上兩人應該是各玩各的。當時蕭建固守在瑯琊的莒城（今山東日照），對呂布統領徐州之事沒有任何反應。呂布為了進一步控制徐州全境，於是寫了封信給蕭建，信中大意就是**趁我還沒發飆的時候好自為之，不要讓我親自動手**。

蕭建收到信之後，非常害怕，趕緊吩咐底下的人準備投降，而臧霸也收到了風聲。

蕭建要是投降，開陽就會變得孤立無援。臧霸心想，與其坐以待斃，不如先聲奪人。這時的臧霸充分發揮其草莽英雄的性格，立刻襲擊蕭建，無視蕭建是他的名義長官，奪取莒城的糧秣兵馬，充實自己的實力。

呂布得知莒城被臧霸所占領，不顧身邊部將的勸阻，親自帶兵攻打莒城。臧霸也不是省油的燈，即使對手是「飛將」呂布亦毫不畏懼。呂布久攻莒城不下，只得退軍。不過後來臧霸與呂布談和，箇中因由已不得而知，或許當時雙方會有這麼一段對話：

「你就是泰山『奴寇』臧霸臧宣高？幸會、久仰。」呂布道。

「你是哪位？」臧霸氣勢毫不輸人，反問道。

「我主乃誅殺奸賊董卓的大英雄，『飛將』呂奉先。」呂布旁邊的雜魚答腔道。

「我們莒城只歡迎志同道合的朋友，不歡迎你這種三姓家奴。」臧霸回道。

呂布不怒反笑，道：「你有種！俗話說一山不能藏二虎，整個瑯琊只能有一個頭，就是我，呂奉先。」

「我臧宣高能混這麼久，全憑三樣東西：**夠狠、義氣、兄弟多**，你是不是不想出去了？」臧霸不甘示弱，反嗆道。

雖然臧霸人如其名，霸氣十足，又能夠與呂布打個五五波，但畢竟呂布擁有大半個徐州，而臧霸僅是初步控制徐州境內的瑯琊一帶，若真要打起來，臧霸贏面很小。幾經權衡之下，臧霸還是決定與呂布談和，成為同盟關係。

隔年，曹操大軍攻打呂布，臧霸遵守與呂布的盟約，率領「泰

你有種！

山寇」支援呂布，不過呂布自己內部眾叛親離，最終被曹操所俘，絞死在下邳城的白門樓前。臧霸見徐州大局已定，只好帶著「泰山寇」開始他人生第二次的逃亡。

當角頭變成軍頭

曹操果然見識非凡，非但不追究臧霸，反而識英雄重英雄，派人把他給請了出來。

「宣高，你的『泰山寇』我曹某是久仰大名，如今徐州剛剛平定，百廢待舉，而你對此地的認識比我還熟悉，所以我想請你過來，幫我的忙。」曹操語氣真摯。

臧霸見曹操既往不咎，還對自己如此賞識，感動莫名。於是臧霸招呼了「泰山寇」的一幫兄弟，齊去拜謁曹操。

「好！果然都是一群鐵錚錚的漢子，我曹操絕對不會虧待你們！從今以後，你就是瑯琊的扛霸子！」曹操丟給臧霸一根雪茄。

接著曹操將青、徐兩州的行政區重新規劃，命孫觀任北海（今山東壽光）相、孫康任城陽（今山東莒縣）太守、尹禮任東莞（今山東沂水）太守、吳敦任利城（今山東臨沭）太守。這樣的安排，讓臧霸如同實際掌握兩州，控制版圖比過去的陶謙、呂布還大。臧霸一躍成為天下間不容忽視的一方強權。

這時歷史留下了一個伏筆。《三國志》記載曹操大封「泰山寇」等人為郡守，唯獨昌豨沒有相關任命紀錄。究竟是史料缺漏了，還是昌豨沒有得到相等的封賞呢？

無論如何，就在此事的兩年後劉備叛離曹操、占據徐州，而昌豨在東海郡（今山東臨沂）一帶起兵響應劉備。詳細的動機為何不得而知，或許是他內心的不平衡。我們能知道的事實就是——昌豨不顧「泰山寇」情誼，與曹操倒戈相向。

而臧霸呢？他會有什麼反應呢？

由於曹操這時正與河北的袁紹對峙，臧霸等人奉命北上，防範袁紹長子袁譚的入侵，他對昌豨的叛變完全無能為力去制止。另一方面，劉備旋即遭到曹操擊潰，曹操部將張遼、夏侯淵率兵將昌豨給包圍。

圍了幾個月，張遼與夏侯淵的軍隊糧食即將見底，夏侯淵本打算退兵，但是張遼從昌豨的消極反抗中，看出昌豨內心的掙扎。於是張遼隻身前往昌豨陣營，對他曉以大義。

昌豨對於張遼的坦蕩與善意感到敬佩，加上自己的反叛動機多少是受到了劉備的影響，決定隨著張遼向曹操負荊請罪。曹操雖然內心不太高興，但念在張遼的請求，便網開一面，將昌豨遣回徐州。

兄弟情義的掙扎

曹操能打敗袁紹、統一北方，也有賴於臧霸在東線戰場牽制袁軍有功，讓曹操無後顧之憂。臧霸大概對於昌豨反叛的事情耿耿於懷，於是主動向曹操提議，將「泰山寇」的家人都送往鄴城。臧霸此舉用意明顯，便是將家人作為人質。

曹操知道臧霸的用心良苦，也同意了臧霸的提議，並且還加封臧霸為都亭侯、威虜將軍，孫觀、孫康兄弟、尹禮、吳敦也都封為列侯。

不知是不是這件事情的影響，昌豨再度叛變。

也許昌豨的嫉妒心侵蝕了他的理智，他有前科、是待罪之身，而當年一起打天下的弟兄，如今個個都功成名就。昌豨無法忍受，只好一夜成魔。

這次曹操派遣于禁和臧霸一同討伐昌豨。《三國志》中有這麼一段記載：「豨與禁有舊。」原來于禁與「泰山寇」同樣出身泰山，可能在年少時期大家都是玩在一起的夥伴。

于禁面對昔日兄弟，恐怕內心十分糾結，但他向來公事公辦[1]，就算是老朋友都沒情講，於是對昌豨發動了猛烈的攻勢。

昌豨見軍隊已呈敗象，只得再度投降，並請求于禁發落從寬。

「不如跟上次一樣，我們把昌豨送到鄴城，交由丞相（曹操）定奪吧！」臧霸念在舊情，向于禁提議道。

于禁斷然道：「不行！難道你不知道丞相的規矩嗎？已經開始包圍攻打的敵軍將領，即使投降也不准赦免。上次已是網開一面，這次昌豨再度反叛，實在罪無可逭！國有國法，即使昌豨是你我的好兄弟，我也要秉公執法。」

于禁話說得決絕，臧霸的臉上早已被淚水沾溼，無法再多說什麼了。

於是，昌豨被于禁下令斬首。

一夜成魔。

遲來的野心

此後的日子，臧霸就專職負責青、徐二州的東線戰區，與孫權幾次征戰都表現活躍，一路升到揚威將軍，假節（擁有無須通報上級即可斬殺違抗軍令部屬的權力）。「泰山寇」當中，就屬「嬰子」孫觀與臧霸最為親近，每當臧霸出兵打仗，孫觀必為先鋒，可以說是「泰山寇」的二把手。在與孫權對戰的過程中，孫觀的左腳被箭射中，最後傷口感染去世。

另外吳敦與孫康的事跡，再也沒有記載。也許他們中途病逝、戰死，也可能就安於現狀、不再升遷，總之兩人默默地消失在歷史的舞臺上。

臧霸自投靠曹操之後，一直忠心耿耿地協助曹操成就霸業，過程中犧牲了他的親人、好友，而曹操也充分授予臧霸相當的權力，讓臧霸在青、徐一帶儼然是呼風喚雨的土皇帝。

然而臧霸的心中，其實也暗藏著席捲天下的野望。

之後曹操更進一步，受封為魏王。劉備輾轉入主蜀地，在漢中爭奪戰首次打敗曹操；緊接著鎮守荊州的關羽率領大軍北上，曹操在這段時間同時面臨了諸多危機。

此時曹操人在洛陽，臧霸則帶著一批特別機動部隊在洛陽駐留，也許是曹操為了預先防範關羽的凌厲攻勢，所以才請臧霸帶兵協防。

年末，關羽被孫權所殺；隔年一月，曹操病逝。

當臧霸得知曹操去世的消息時，他認為魏國勢必會有一陣動盪，這是自己一舉上位的絕佳機會。於是臧霸趕緊回到青、徐老巢進行準備。

臧霸不尋常的舉動，都被繼位魏王的曹丕看在眼裡。同年曹丕篡漢，建立曹魏。這時臧霸任鎮東將軍，都督青州諸軍事，曹魏之中能夠與臧霸平起平坐的，恐怕也沒有多少人。

之後孫權公然與曹丕作對，曹丕派遣同為皇族的曹休，連同張遼、臧霸南下攻打吳國，魏軍大勝。而「盧兒」尹禮卻在此戰身亡，「泰山寇」獨剩臧霸一人。

在這場戰役中，臧霸曾向曹休豪言，只要再給他一萬人，他絕對可以殲滅吳國。臧霸或許是想趁機擴充自己的實力，說不定日後能夠取代吳國，跟曹魏分庭抗禮。

曹休將此事告訴了曹丕，這更讓曹丕確信了臧霸別有所圖。於是曹丕解除臧霸兵權，改讓曹休負責東線戰事，並下令將臧霸調回中央。

曹丕明顯是要警告臧霸別想作怪。臧霸面臨著極為煎熬的抉擇，就在劍拔弩張之際，臧霸決定退讓，接受命令回到洛陽。

他老了，再也沒有過去一往無前的狠勁。之後臧霸就任執金吾（皇城禁衛總司令），位特進，地位僅在三公之下。晚年成為了曹丕的軍事顧問。

到了魏明帝曹叡時期，臧霸的食邑增加到三千五百戶，也就是說臧霸有權徵收三千五百戶人口的稅賦，可說是位極人臣。

沒想到這樣的重臣，竟然不為後世所知。

垂垂老矣的臧霸，有時仍會佇立在府邸內的池子旁，回憶起與「泰山寇」那幫兄弟、充滿喜怒哀樂的日子吧！

夠狠、義氣、兄弟多

1. 《三國志・魏書・于禁傳》：「禁持軍嚴整，得賊財物，無所私入，由是賞賜特重。」

山越煞星

過去中國的歷史文獻幾乎都是漢人本位，《三國志》雖然專門為北方的眾多異族各立一傳，但生活在江南的山越族群，就只能從零散的相關人物傳記中，汲取一些隻字片語。

三國之中的孫吳，為了要進一步壯大在江南的勢力，必須強硬地對待江南的原住民——「山越」。這篇文章看似宣揚孫吳大將賀齊的「豐功偉業」，但其實想要反映的，是當前臺灣乃至世界都必須面對的族群問題。

今時今日，我們都認同人人生而平等的普世價值，但是我們也看到了因原民文化與國家法律產生矛盾而造成的衝突。現在遇到的問題，本質上不也和一千八百年前的孫吳一樣嗎？

本文原先發表的篇名為〈山越煞星的華麗挑戰〉。

孫吳小虎隊。

說起三國時代的名將，你會想起誰呢？

人中呂布必然榜上有名，蜀漢陣營肯定是《三國演義》中的「五虎將」，曹魏也有「五子良將」相互輝映。

事實上，蜀漢「五虎將」的說法是起因於《三國志》將關羽、張飛、馬超、黃忠、趙雲五人合為一傳，因此後代的說書人才將他們湊在一塊，給了這樣霸氣的稱呼。

曹魏陣營的張遼、樂進、于禁、張郃、徐晃亦同，五人的事跡被合在同一傳，並在結語提到：「太祖（指曹操）建茲武功，而時之良將，五子為先。」這就是「五子良將」的由來。

孫吳呢？若按此邏輯，《三國志・吳書》有十二個武將被併為一傳，分別為：程普、黃蓋、韓當、蔣欽、周泰、陳武、董襲、甘寧、凌統、徐盛、潘璋、丁奉。

這十二人傳記中的結語評曰：「凡此諸將，皆江表之虎臣，孫氏之所厚待也。」因此，我在這裡鄭重宣布，從今而後孫吳也有武將團體稱號了，就叫作——孫吳小虎隊。

「週末午夜別徘徊，快到孫吳樂園來，歡迎流浪的小孩——」感覺很適合當作募兵歌曲呢！

或是叫孫吳十二宮聖鬥士好像也不錯……（被拖走）。

總之呢（走回來），還有一位孫吳將領並不在這份猛將名單中，但他征戰無數、未嘗一敗，打造勝率百分百傳奇，不過聲名卻不如十二將來得顯赫。

他，就是賀齊，字公苗。

孫吳真正的心腹大患

如果是從《三國演義》中了解三國故事的朋友，你也許完全不認識他，因為賀齊不要說出場了，連名字都沒在《三國演義》中提起過。

賀齊一生的戎馬生涯，絕大部分時間都花費都在討伐孫吳內部的「山越」，與其他群雄的交手次數稀少，也難怪以爭霸天下為故事主軸的《三國演義》不會有他的戲分了。

但，「山越」究竟是什麼？

據《三國志》的記載，山越又有「山民」、「山寇」的別稱。用直觀的字詞拆解來看，山越就是住在「山」中的百「越」異族。

江南一帶地勢崎嶇，諸多大小勢力遺世獨立、避居山林，彼此並不互隸屬。山越的組成除了江南的原住民之外，也有為了逃避稅賦、或因戰亂而躲藏的漢人，一個山頭勢力可能由某個家族為首，稱為「宗部」，而家族首領就是「宗帥」。這些漢人勢力，廣義而言也可以納入山越的範疇。

「宗帥」當中最知名的代表，就是漢末在吳郡烏程（今浙江湖州）一帶割據的嚴白虎。在《三國演義》中，嚴白虎還有一個響噹噹的渾號叫作「東吳德王」。後來這位「東吳德王」當然是不敵「小霸王」孫策的威力。

從孫策入主江東開始，一直到吳末帝孫皓時期，都為了山越問題傷透腦筋。《三國志》記載山越「俗好武習戰，高尚氣力」，在山林中行走自如，當自家後院一樣。山越帶給孫吳的嚴峻挑戰，絲毫不下其他群雄。

大部分的孫吳將領多少都有征討山越的經驗，但唯有賀齊做得最精、做得最多、做得最絕，堪稱孫吳最具魄力的山越問題解決專家。

實力派「二世祖」

賀齊出身會稽山陰（今浙江紹興），本土的江東子弟。他的家族本姓慶，血緣可往上追溯到春秋五霸的齊桓公。西漢末年時，慶氏移居到會稽，一直到東漢安帝時期，出了一位慶純，當上了江夏（今湖北武漢）太守、侍中，可說官位不小。

由於漢安帝的父親名為劉慶，慶純為了避諱，便把姓氏改為意思相同的「賀」字，慶純改為賀純，這就是賀姓的起源。賀純就是賀齊的伯父，換句話說，賀齊稱得上是賀姓一族的二世祖。

這位二世祖賀齊，行為處事還真挺「二世祖」的。《三國志．吳書．賀齊傳》描述他「性奢綺，尤好軍事」。畢竟伯父是有頭有臉的人物，賀齊家境應該頗為殷實，也因此養成偏好華麗奢侈的興趣，而且賀齊還是個軍武迷，喜歡收集製作各式各樣的兵器，用料「咸取上材」。

賀齊的品味實在是獨到前衛，他會在兵器畫上一些瓜果的圖案作為裝飾，好比說林檎（中國本土種蘋果）之類的……

「i Shield比起過去的盾牌大上了兩寸，但重量更輕、硬度加強，給您最全面的防護；盾面塗上的新漆質感，更讓您愛不釋手。**i Shield，豈止於大？**」

以上敘述，讓賀齊看起來像是揮霍無度的公子哥兒，他很年輕的時候就當上剡縣（今浙江嵊州）縣長，也不知道是不是靠家裡的關係得到的官職。不過從賀齊日後的表現，便知道他可不是無能的酒囊飯袋。

當時賀齊底下有個縣吏名叫斯從，是當地的大族，又與山越的關係很好，甚至可以推論斯從就是山越的一分子。有這些背景，斯從當然囂張啦！要無賴、吃霸王餐、調戲良家婦女、偷阿婆的錢等等，老百姓是敢怒不敢言。

賀齊得悉斯從的跋扈後，決定要好好修理他。此時身邊師爺一類的幕僚急忙跑出來勸誡：「賀齊大人，斯從後臺很硬，動不得啊！今日要是他有個什麼閃失，恐怕那些山越蠻子不會善罷干休。」

「喔？後臺很硬啊？動不得啊？我好怕喔！」聽到師爺這樣說，賀齊更加憤怒，立刻把斯從給殺了。

斯從一死，他的族人果然帶著一大批山越，誓殺賀齊、血洗剡縣。

「賀大人，都說斯從動不得，現在城外被山越給圍住了，隨時都會衝進來，該如何是好啊？」師爺在賀齊身旁慌慌張張，盡忠職守地做出師爺該有的反應。

「就這麼點人，想嚇唬我？傳令下去，所有士兵立刻全副武裝，到集合場集合。」賀齊打了個呵欠，說道。

賀齊集結城內兵士後，打開城門向外突擊，城外的山越還沒反應過來，就被賀齊殺得七葷八素。賀齊一戰成名、威震山越。

有我在，南蠻子別想猖狂！

不久鄰近的太末縣（今浙江衢州）又有山越作亂，賀齊便轉任為太末縣長，在很短的時間內迅速平定亂事。想必被打得狼狽不堪的山越，會將賀齊稱作「山越煞星」也說不定。

孫策入主江東時，也聽聞了賀齊的英勇事跡，便將他納入麾下。那時的會稽太守王朗剛被孫策打敗，逃到候官（今福建福州）投奔候官縣長陶升。

孫策先是派人討伐陶升，結果打了敗仗，後來孫策才派出賀齊上場代打。

「**年輕人終究還是年輕人，太衝動了。**孫策這小子不管派誰來，我一樣把他打回老家找媽媽。」陶升喝了口茶，趾高氣昂道。

「陶升大人，孫策派了賀齊過來攻打我們。」身旁幕僚道。

陶升手中的茶杯突然摔到了地上，聲音變得顫抖，道：「什麼！是……是那個『山越煞星』賀……賀齊嗎？」

「是的，就是那個賀齊。」幕僚回道。

「不用再說了，為了候官的黎民百姓福祉，我願意投降。」陶升帶著大義凜然的神情，朗聲道。

陶升腦袋還算清醒，不過與他同陣線的山越就不信邪了。山越的兩個頭目張雅、詹彊不願投降，於是殺了陶升，奪取候官的統治權。

「哼！陶升這個膽小鬼，聽到賀齊的名字就怕了，我『無上將軍』張雅可是沒把他放在眼裡！」

「老子詹彊第一步先統治會稽，接下來把孫策給宰了，到時整個江東就是我們兩個的，嗚哈哈哈……」

兩個傻瓜得意的時間沒多久，賀齊策反了張雅的女婿，趁機把「無上將軍」張雅給砍了，詹彊一看張雅這麼快掛點，旋即率眾投降，剛剛的囂張宣言有如過往雲煙。

至於事主王朗呢？孫策念在他是讀書人，隨便罵個兩句就放過他了。王朗後來輾轉來到曹操帳下，最後在曹魏王朝官至司徒（三公之一），榮寵之至。他的孫女王元姬還是晉武帝司馬炎的生母，

威震山越。

運氣好到讓人嫉妒。

不久，孫策遭人暗殺，年少的孫權甫一繼任，鄰近山區的郡縣又發生動亂。賀齊此時負責會稽南部的維安。

這股山越勢力以洪明為首，還有吳五勢力另據山頭，除此之外鄒臨勢力也虎視眈眈。山越三大集團攜手合作，兵力總和超過兩萬，來勢洶洶。

賀齊首先將大本營設在建安（今福建建甌），命鄰近數縣募集兵力約五千人，統一由自己指揮。賀齊先行進軍攻打洪明時，又收到情報，得知山越反抗軍要在餘汗（今江西上饒）集結，而餘汗恰好在賀齊軍隊的後方。

賀齊為了避免後路被截斷，於是命松陽（今浙江麗水）縣長丁蕃留守餘汗。丁蕃覺得超級不爽，心想：「你賀齊之前不也只是跟我同級的太末縣長，現在膽敢指揮我？」於是丁蕃就拒絕執行命令。

「丁蕃，我再說一次，請你率領自家部隊，留守餘汗，確保我軍退路。」賀齊嚴肅道。

「賀齊，你年輕，但年輕不是無知的辯詞。好大的膽子，你怎麼敢命令我留守！」丁蕃一副擺老的模樣。

「所以你是打算違抗軍令囉？」賀齊問道。

「是又怎麼樣？有種你懲處我啊！」丁蕃回嗆。

賀齊瞬間拔起腰間配劍，一個居合斬，丁蕃頓時人頭落地。

所有士兵鴉雀無聲，只聽到從丁蕃頸部切口噴出的鮮血滋滋作響。

「**像這樣的要求，我一輩子沒見過。**」賀齊收劍入鞘，環視眾人。

經此事件後，賀齊所指揮的五千人部隊，向心力瞬間凝聚，默契更是親密無間了呢！

賀齊所向披靡，在戰場上直取山越首領洪明性命，又接連攻破吳五、鄒臨等軍，敵軍陣亡將士高達六千人，投降的超過一萬。會稽南部的山越叛亂悉數被賀齊平定。

由於當時年輕的賀齊如鬼神般勇猛，名聲響徹整個會稽南部。當時的人們若要稱讚某個人很有膽識，他們或許會這樣說道：

「**你，叫小賀。**」

我的字典裡沒有失敗

你，叫小賀。

過了五年，賀齊靠著年資升到了威武中郎將，已是高階軍事將領。這時又有山越作亂了，位在丹陽郡的黟縣、歙縣（皆在今安徽黃山）。

這次的山越起事比起五年前可說更加棘手。歙縣方面有首領金奇、毛甘作亂；黟縣則是陳僕、祖山駐紮在地勢險要的林歷山山頭。

賀齊認為黟縣陳僕、祖山占據的林歷山易守難攻，戰事拖久對己方不利，必須優先處理、速戰速決。

一到了林歷山下，賀齊發現乖乖不得了，四面都是險峻的峭壁，通往山頂的小徑又窄又難走，山越只需派少數人馬守住隘口，並輔以落石攻勢，任賀齊軍隊再多，也只有被擊退的分。

但賀齊環視周遭環境，冷靜思考後決定兵行險著。他挑了一些身手矯健的士兵，趁著月黑風高之時，在林歷山四面幾處偏僻的地方，利用綁有粗繩的鐵樁，開始攀登而上。

一切都靜靜地摸黑進行中，爬上半山腰的人數大概一百多個。賀齊指揮若定，一聲令下，一百多人開始敲鑼打鼓、號角響起。

「現在時間，洞六洞洞，部隊起床！」賀齊大喊。

陳僕和祖山被四面八方傳來的聲音給驚醒，駐守險要的山越部隊也誤以為大軍進攻，全部都往山頂上逃，於是林歷山的防線出現了缺口。

萬人斬。

這時賀齊軍隊裡應外合，殺掉陳僕、祖山，**展開閃電攻擊，打了個轟轟烈烈的勝仗**。林歷山一役，山越方死亡人數七千人，連同先前的殺敵數，賀齊獲得了萬人斬的成就。

一見黟縣戰況如此悽慘，歙縣的金奇、毛甘趕緊舉白旗，投降輸一半。戰後孫權也接受了賀齊的提議，將黟、歙兩縣合併，升格為新都郡，由賀齊擔任新都郡的首任太守、還加封偏將軍，一不小心又升官啦！

不久吳郡餘杭（今浙江杭州）一個叫郎稚的，帶著幾千人反叛，郎稚椅子都還沒坐熱呢，就被賀齊消滅。

對付山越屢戰屢勝的賀齊，深受孫權的信賴。**只要有山越作亂，「山越煞星」從不讓你失望**。

之後賀齊每戰皆捷，即使豫章郡（郡治在今江西南昌）東部以彭才為首的山越叛亂，聚集了一萬多人，賀齊仍一馬當先將首腦彭才宰了。賀齊甚至從這些山越兵裡頭，挑選身體壯健的人進入自己的軍隊，其餘才編入戶口。

鄱陽郡（郡治在今江西鄱陽）的山越首領尤突，暗地接受曹操的資助，慫恿周遭幾個縣一同起兵反吳。對於這些叛亂已經老神在在的賀齊，帶著後起新秀陸遜平亂，又殺了數千人。之後賀齊被調至前線，負責扶州—皖口（今江蘇南京江心洲—安徽安慶）這一段長江水域的防務。

賀齊軍旅生涯當中最後的戰役，發生在孫權受封吳王、夷陵戰後不久。當時孫吳前線的部將晉宗向曹魏投誠，就任蘄春（今湖北蘄春）太守，反過頭帶兵入侵孫吳。孫權大怒，派遣賀齊前去攻打蘄春，結果當然是大勝。

最後大概是年紀大了吧！打仗多採斬首行動的賀齊竟然心軟了，只將叛將晉宗等俘虜送去給孫權，不再親自動手。此戰的四年後，賀齊病逝，結束了他長達三十多年、**戰鬥力起碼有十萬以上**的絢爛人生。

另一種角度的悲情歷史

今日的浙江省千島湖，有一座供奉賀齊的廟。自二〇〇八年開始，每年十月都會在千島湖秀水街舉行盛大的賀齊廟會，有機會到

戰鬥力十萬。

千島湖遊玩的朋友，可以順道去賀齊廟，感受「山越煞星」的無窮魅力。

陳壽在《三國志》中提到：「山越好為叛亂，難安易動，是以孫權不遑外禦，卑詞魏氏。」山越時常反覆叛變，甚至會與其他群雄互通聲氣。孫權為此無法專心對抗曹魏，一度向曹操稱臣。

「我的城鎮中心旁有群礙眼的山越，難怪你會勝利，看來我該讓賢了。」孫權道。

山越要如何定義，到目前為止仍有各式各樣不同的說法。不論如何可以確定的是，山越一直以來都是孫吳政權的心腹大患。孫吳勢力與山越活動範圍大多重疊，為了解決山越問題，孫吳開出了一項最高指導方針，就是「彊者為兵，羸者補戶」，賀齊也一直依照這個方針去處理山越問題。

漢末三國時期，南方人口不算密集，孫吳為了增加軍隊數量和勞動力，視山越為很好的補充來源。強壯的男丁就抓來當兵，其餘老弱婦孺編入戶口，提升產值與稅收。

孫吳視山越是麻煩，山越又何嘗不痛恨孫吳的侵犯呢？人家住得好好的，剛睡醒還沒刷牙，就莫名其妙說什麼彼此都是大吳的子民，要乖乖遵守大吳的規定，又塞了張「役期無上限」的入伍通知書給他們，並被迫繳稅。這樣壓榨還不跟你拚命？

「如果文明是要我們卑躬屈膝，那我就讓你們看見野蠻的驕傲！」也許山越族群內心這樣怒吼著。

我們雖無法體會當時山越族群所受到的苦難，不過到了今日，山越早已經和漢人融合在一起，說不定你我多少都流著他們那不羈的血液呢！

世界許多地方至今仍有族群的問題，
有待改善與改變，臺灣也是。

2015年12月
臺灣布農族原住民因持違法槍械狩獵保育類動物，
遭判刑三年半與七萬罰金。
政府訂定的法律與原住民文化有所衝突、矛盾時，
我們該如何調整和改善？
在這塊土地上生活的我們都不應忽視。
!?????
違法
原來我……不是主角嗎!?
賀齊

朱桓將軍撞妖實錄——

蟲落族傳奇

漢末三國時期所發生過的超自然現象並不少見，但帶有驚悚恐怖氣息的，應該只有孫吳大將朱桓親身體驗的異聞了。

「蟲落」這支神祕部族與生活在江南地區的山越有著千絲萬縷的關係。或許正是因為當時漢人與山越之間的對立，導致妖魔化了對山越的認知。這種扭曲的想像隨著時代變遷，傳播到了全世界，各自演化出恐怖又迷人的傳說。不過這只是我個人的猜想，沒有什麼依據。

本文是因應「故事：寫給所有人的歷史」網站的鬼月特輯企劃所進行創作的「三國鬼話」，大部分內容與三國歷史關係不深，參考來源也並非官方正史，所以就姑且當作鄉野奇談來看待吧！

天菜。

三國之中，孫吳得以在江東奠基，除了孫策、孫權兩兄弟的雄才大略之外，本土勢力的支持也非常重要。孫氏便是有了江東吳郡（郡治在今江蘇蘇州）四大家族的全力相挺，政權才得以穩固。

這四大家族分別是顧、陸、朱、張四姓，其中朱家的代表人物名叫朱桓，字休穆。朱桓後來擔任濡須督，其所鎮守的濡須口（今安徽蕪湖），一直以來都是魏、吳兩國的兵家必爭之地，可以想見朱桓在孫吳的重要地位。

《三國志．吳書．朱桓傳》記載他「愛養吏士，贍護六親，俸祿產業，皆與共分」，不僅是好長官，更是好兒子、好老公、好爸爸，簡直就是天菜一枚；在他去世的時候，不論男女老少都放聲大哭。

這也難怪，提款機沒了……不是啦！由此可以得知，朱桓雖然身為四大家族之一，位高權重，但他卻有著孔夫子所說的「富而好禮」那樣的高尚品德。

東晉干寶所撰寫的志怪小說《搜神記》中，有一則有關朱桓的故事，內容雖然離奇，但頗令人玩味。

《搜神記》成書時間距離三國時期並不太遠，因此也收錄了不少那個年代的奇聞逸事。不過《搜神記》畢竟是小說性質，下面故事也未出現在正史《三國志》中，所以究竟是真是假，無人知曉。

神祕的婢女

故事的確切時間已不可考，就《搜神記》與《三國志．朱桓傳》的內容相比對之下，推估大概是朱桓剛升任裨將軍的時候。在這之前「丹陽、鄱陽山賊蜂起」，朱桓受命為征討總大將，平定亂事。這時候的他大概三十來歲，前途大有可為。

在〈山越煞星〉一文曾提過，孫吳境內地勢崎嶇，有許多當地百越異族或是流亡漢人勢力各據山頭，史稱這些族群為「山越」。相信所謂的「丹陽、鄱陽山賊蜂起」，也與山越變亂脫不了干係。

孫吳為了穩定內部，時常出兵征討山越，將他們的壯丁強行徵兵，其餘的老弱婦孺就編入戶口，用以抽稅及負擔勞役。

當然，其中也有不少年輕貌美的山越女孩，被用來賞賜有功將領，作為婢女，或者是……你懂的。

朱桓因討伐山越有功，府邸新進了一批山越婢女，負責府邸上下的生活起居。沒多久，府邸內開始傳起了一些流言，隨著時間過去，流言越傳越烈，終於傳到了朱桓的耳裡。

流言的源頭，來自其中一位新進婢女。

此女面貌與漢人有些不同，似乎是出身百越，姑且用「小蠻」來稱呼她好了。

「將軍大人，那個小蠻是妖怪啊！」一眾戍守府邸的侍衛們向朱桓道。

「小蠻？哪一個小蠻？」朱桓問道。

「就是那個長得奇奇怪怪、前陣子才入府的婢女。」其中一名侍衛應道。

「喔！是那個漢語說得不太好的百越女子嗎？人家只是五官深邃了些，怎麼可以說是妖怪呢？我朱桓可不允許有歧視情事發生！」朱桓指責了起來。

「不是這樣的，將軍大人。前幾日深夜巡邏的時候，屬下聽見屋頂有些聲響。往上望去時，只見一個物事從天窗竄出，四處亂飛，每晚皆是如此。」。

「大夥兒一開始以為不過是隻大蝙蝠，也不以為意。直到前晚，那玩意兒突然向下一衝……」

「那東西給火光一照，竟是小蠻的頭顱啊！嚇得屬下當場跌坐在地。」

「可不是嗎？幸好屬下天生膽子大，當下倒也鎮靜。正準備捕捉時，小蠻的頭顱又四處亂飛，最後從牆邊的狗洞給鑽了出去。」

侍衛們你一言我一語的，聽得朱桓目瞪口呆，愣了好一陣子。

「你們昨晚是偷懶嗑藥嗑出幻覺了是吧？」朱桓問道。

「屬下所言絕無虛假，請大人明察啊！」眾侍衛齊聲道。

半信半疑的朱桓，決定眼見為憑，於是在夜闌人靜、大家都已熟睡時，他帶著數名侍衛，靜悄悄地走到小蠻所在的婢女房外。

朱桓等人靜靜地等待著，直到婢女房內出現了奇怪的聲響。朱桓打了手勢，侍衛們隨即點燃火把，隨著朱桓衝入了婢女房。

原先在房內正熟睡的婢女，聽到紛雜的腳步聲以及火光，紛紛驚醒；又見到手握劍柄、眼帶殺氣的朱桓，不由得尖叫了起來，房內頓時一片混亂。

朱桓環視房內四處，果然發現有顆女性頭顱正振動著「翅膀」，跌跌撞撞地往上攀升。朱桓定睛一看，原來那「翅膀」竟是小蠻大得異常的雙耳。

朱桓終究是差了一步，頭顱越飛越高，從天窗逃走了。

飛顱在天。

鬼鬼祟祟
奇怪！身體跑去哪裡了？
小鐘

朱桓
……
把別人身體藏起來的人
耳朵變成翅膀果然……很萌呢。
將、將軍？

古老的部族：蟲落

待婢女房的混亂平息下來後，朱桓檢視著小蠻所睡的蓆上，發現她的頭已消失，但身軀仍在，甚至胸口會隨著呼吸而起伏，只是比起一般人微弱許多。朱桓試探性地碰觸小蠻的手臂，只覺得體溫略低，而對方也沒有什麼反應。

此時朱桓已相信侍衛所言為真，正當要拔劍往小蠻的身軀刺去時，同房的婢女們紛紛向朱桓求情。

「請大人留情！奴婢願以性命擔保，小蠻不會害人！」

「到日出天際之時，小蠻便會歸來，懇請大人靜待。屆時諸多細節，請大人再聽小蠻解釋。」

原來那些婢女對於小蠻飛頭一事早已知情，從她們的話中聽來，小蠻似乎沒有害人之意。朱桓猶疑了一陣，慢慢地將劍收入鞘中，但仍然直盯著小蠻的身軀，提防她突然會有什麼舉動。

等了幾個時辰，天色開始逐漸轉藍，朱桓等人見到小蠻的頭顱又從天窗進入，飛降下來準備接回自己的身軀。

這時朱桓也不知道哪來的靈機一動，突然拿被子將小蠻的身軀覆蓋住。只見小蠻的頭顱一直想與身軀接合，卻不得其法。她的表情越來越猙獰，讓被子蓋住的身軀呼吸也越來越急促。

「這妖怪未免太好對付了，**柔弱到連被子都掀不開啊？**」朱桓內心這樣想著。

天色越來越亮，小蠻的頭顱已經倒在地上呈現半昏迷狀態，朱桓見狀又將被子掀開，這時小蠻頭顱使出吃奶力氣，拚命往頸部靠近，總算是身首合一，保住了性命。

緊接著小蠻那如蝠翼大的雙耳漸漸縮小，變成了平常的狀態。沒多久小蠻坐起身來，見到身旁多了許多侍衛，以及主人雙眼發直地看著她，小蠻不由嚇得退到了角落。

經過朱桓一一詢問，小蠻那怪異的舉止才獲得了解答。

原來小蠻是早在秦朝時便已生活於江南的「蟲落」族。「蟲落」一名源自於他們所進行的一種祭祀活動，至於這種祭祀為何叫作蟲落，實際的內容為何，小蠻不願多談。

每到入夜後，蟲落族的頭顱都會離開身軀飛走，但飛去哪裡、做了些什麼，小蠻也說不出個所以然，只知道這是他們種族的天性，每個族人都有這樣的現象。

即使小蠻對他人並未造成傷害，白天時也與一般人無異，但朱桓心中總是感到怪怪的，於是給了小蠻一些盤纏，將她給打發了出去。小蠻後來的行蹤再也沒人知道，也許她回到自己的部落了吧！

之後朱桓跟同有征伐山越經歷的將領們提起此事，卻遭到他們的訕笑。

「不會吧！休穆，你怎麼菜成這樣，連這都不知道喔？我們俘虜的山越兵中，偶爾會遇到這樣的人，大夥都把他們叫作『落頭民』。」

「俺第一次見到的時候覺得有趣，一時貪玩把盛水的銅盤擋在他頸部，後來『落頭民』的頭裝不回去，就掛掉了。」

「他們不會害人啦！有些『落頭民』的女孩，還長得不錯，我都會把她們……」

「把她們怎樣？」朱桓好奇道。

「我不好意思說。」

總之這群特殊的蟲落族，雖然天性特異，但當時的人們也偶有所聞。隨著六朝在江南的經營開發，漢人大量湧入，蟲落族被逼得遷移各處，或許也有些與漢人聯姻，生下後代。

蟲落族的南下遷移

在《搜神記》之後，中國也斷斷續續有著關於蟲落族的記載。宋朝時期所編撰的小說總集《太平廣記》就有收錄一則〈飛頭獠〉，其所敘述的蟲落族出現在「嶺南溪洞」中，看來已經遷移到了兩廣一帶。

嶺南的飛頭獠在準備「飛行」的前一日，脖子會出現一條細細的疤痕，像是有條紅線環繞著，此時飛頭獠的妻兒會開始留意著他，以做準備。

到了晚上，飛頭獠身體便會開始出現異狀，然後頭就飛出去了。之後他會「尋蟹蚓之類食之」，天亮前回到自己身體時，「其腹實矣」。

從《太平廣記》的記載可以知道，蟲落族與一般人能夠聯姻，甚至能夠繁衍後代。不過飛出去的時候只有一顆頭，任你吃再多螃蟹跟蚯蚓，頂多是塞在嘴裡吧，等回來裝上身體時，食物進入了腸胃，那個量也不至於讓肚子鼓脹啊？

難不成是一種鵜鶘的概念？

食人糞尖。

《太平廣記》另外也提到在闍婆國有蟲落族的行蹤。闍婆國位於今日印尼的爪哇島一帶，看來蟲落族已經移民到東南亞去啦！《太平廣記》形容他們「無目瞳子」，進化到眼睛只有眼白，開始往嚇人的方向前進了。

明朝郎瑛所撰的小說考證集《七修類稿》中，提到元世祖忽必烈時期，有個叫陳孚的人，出使到安南（今越南），他在那邊也發現了蟲落族，為此他還題詩曰：「鼻飲如瓴甋，頭飛似轆轤。」

瓴甋發音為「鈴敵」，在這裡的意思應該是陶瓶；轆轤發音為「鹿盧」，是指利用滑輪轉動來打水的工具。從陳孚的詩中可以更明確地體現蟲落族在飛頭時的情形。

安南的蟲落族在飛頭狀態時，會用鼻子來吸水，如同將陶瓶放入水中那樣冒泡；而飛行時有如木桶打水時轉動……

轉動？

先不論在只有一顆頭的情況下，喝水只是從口鼻進入再從頸部斷面流出來，毫無意義，那雙大耳朵竟然也不是像鳥類翅膀般拍動，而是像竹蜻蜓那樣，利用旋翼原理來轉動飛行？那……飛沒幾分鐘頭就暈了吧！

郎瑛另外也從一本叫《贏蟲集》的書籍中，找到蟲落族的記載，發現地點是在老撾（今寮國），這些蟲落族則是「鼻飲水漿，頭飛食魚」，一樣用鼻子吸水喝，然後還會捕魚吃。

除了這兩本書籍之外，郎瑛還從《星槎勝覽》發現蟲落族的描述。《星槎勝覽》這本書來頭可大了，是當時隨同三寶太監鄭和下西洋四次的翻譯費信所著，內容是講述他在下西洋期間的所見所聞，應該是具有一定公信力。

費信在《星槎勝覽》中提到的蟲落族，位於占城（現今越南中部），稱作「屍頭蠻」，那邊的飛頭可是會「夜飛食人糞尖」。

……

你什麼東西不吃，非得要吃大便啊？

所謂的占城「屍頭蠻」也不只有在占城出現，在滿剌加（約現今麻六甲）也有出現。這從同樣是跟著鄭和下西洋的翻譯馬歡所寫的《瀛涯勝覽》中找得到紀錄，因此直到現代，馬來西亞也有關於蟲落族的傳說。

馬來西亞人把蟲落族稱之為「Penanggalan」，而且帶有殺傷力。「Penanggalan」不只是頭會飛，還會帶著五臟六腑一起飛，甚至開始以人類的血肉為食。原本只是天賦異稟的蟲落族，竟演變成了亞洲版的吸血鬼。這個帶著消化器官一起飛的蟲落族版本就合理多了，不然食物全都從頸部切口掉出來，豈不白搭？

馬來西亞甚至延伸出一支叫作「Pontianak」的變種，「Pontianak」的外表非常傳統，就是白衣長髮女鬼的形象，但是她卻也懂得「御頭飛行」，專以男性為對象來進行殺害。

另外有種叫「飛頭降」的降頭術也可以讓施術者身首分離，不過「飛頭降」似乎是偏門，降頭師為了青春永駐而去吸食他人的血、甚至是孕婦的胎兒。

施展「飛頭降」時，有一點與先前所記載的蟲落族相同，就是一定要在天亮之前回到自己的身體上，否則會化為一灘血水，這也解釋了蟲落族為什麼只能在夜晚以飛頭狀態行動。有趣的是，先前在《搜神記》所描述的蟲落族，也有同樣叫「蟲落」的祭祀儀式，會不會這個儀式就是「飛頭降」呢？

印尼、越南、寮國、馬來西亞都有蟲落族的相關傳說，與臺灣只隔一道巴士海峽的菲律賓當然也不能缺席。菲律賓的「Mananaggal」是女性形象，晚上出來吸人血或是吃胎兒，不過與蟲落族不一樣的是，「Mananaggal」是上下半身分離，而且翅膀長在背上。

扎根東瀛，揚威海外

誰也沒想到，蟲落族不單只有向南遷移，還飄洋過海到日本去了。日本妖怪「飛頭鑾」以及「轆轤首」很有可能是蟲落族的後裔。「轆轤首」就是我們熟知的長頸女妖，看來蟲落族會隨著與不同民族混血，而演化出不同的變種。

用「轆轤首」來形容長頸女妖就更加適切，因為長頸女妖的脖子可任意伸縮，就與用轆轤打水時的繩子伸縮狀態類似。這個東洋版本到現在反而比原始中國版本有名得多，江戶時代以降直至現代，轆轤首以各種不同的樣貌呈現在繪畫、動漫、遊戲等媒介上。

蟲落族除了日本與東南亞，更是橫跨太平洋，連南美洲也有他們的親戚。安地斯山脈一帶的傳說生物「Chonchon」，跟咱們朱桓將軍所看到的蟲落族樣貌雷同，唯一的差別是「Chonchon」的大耳朵上有長毛。「Chonchon」在當地是有如死神般的存在，還會吸食人類的魂魄。

一路將蟲落族的演變看下來你會發現，中國的「原生種」只是單純晚上頭飛出去蹓躂，頂多就是吃吃小動物（或是大便），一到國外就變得會吸食人肉人血乃至胎兒，甚至連靈魂都不放過。這中間究竟是發生了什麼事情？**難道人一到了國外就會變得比較放得開嗎？**

如果蟲落族是真實存在的話，那麼到了現代，他們的後代子孫應該是遍布到世界各地，與常人無異地生活著；而到了夜晚，那沉睡的基因或許會開始蠢蠢欲動吧？

啊！脖子好像有點怪怪的呢……

第二章

遙想千

百風流人物

潼冀風暴

三國向來為影視戲劇改編的熱門題材，但是怎麼改編都不脫「桃園結義」、「美女連環計」、「過五關斬六將」、「長坂坡」、「赤壁之戰」這類屢見不鮮的故事。一而再、再而三地重複著同樣的情節，看久了也是會膩的。廣義的三國時代將近一個世紀，其中應該還有更多精彩事跡值得重新包裝吧？

馬超作為蜀漢的「五虎將」之一，知名度雖然不低，但大多作為其他蜀漢人物的陪襯角色，甚少有以馬超本人為主角來進行改編，我個人認為馬超就是非常值得發展的三國文本。如果能夠將其事跡改編成為影視戲劇，相信會是一部感人肺腑的作品。

本文原先拆成兩篇發表，篇名為〈潼冀風暴首部曲：馬騁隴上〉及〈潼冀風暴最終章：雄驥歸途〉。

東漢建安十六年（公元二一一年），兩支大軍在潼關（今陝西渭南）對峙，戰爭一觸即發。潼關以西是以關中軍閥馬超為代表的聯合軍，在潼關東面布陣的軍隊則由漢丞相曹操親率。這也是潼關首度登上歷史舞臺，深具紀念價值的「決戰東西軍」。

曹操初迎獻帝劉協到許縣時，正為了中原的戰事焦頭爛額。為了防止關中地區的軍閥趁亂東進，於是建造了潼關抵禦，沒想到如今潼關反被關中聯合軍給搶先占領。但先發制人、奪得地利的馬超，此時心中卻是惴惴不安。

燃起關中的狼煙

馬超，字孟起，關中軍閥馬騰的長子。潼關之戰的三年前，馬騰接受曹操招安，帶著整個家族共兩百餘人前往鄴城，只留下馬超接手自己的勢力。表面上馬騰是榮升，實則為變相軟禁，馬騰作出這樣的決定，就表示他不願與曹操起衝突，但衝突終究還是因一個擦槍走火而引發了。

曹操在無預警的情形下，派遣坐鎮洛陽的鍾繇，攻打占據漢中的張魯，這樣的舉動挑動了馬超緊繃的神經。

鍾繇帶兵從洛陽前往漢中，途中勢必會經過關中地區，這讓馬超產生了誤解；再者，鍾繇的身分敏感，一直以來他就是代表曹操與關中軍閥聯繫的窗口，對於關中地區的情況鍾繇可能比曹操還清楚。由他來統兵，想讓馬超不誤會也難。

「竟然是鍾繇……看來曹賊耐不住性子，想翻臉了！」馬超直覺地認為這次鍾繇的出兵，必定是針對關中。

「關中」是指現今中國的渭河平原一帶，由於她被函谷關、武關、散關、蕭關這四座關隘給包圍，故稱「關中」。關中地區裡的長安，則是秦、漢兩朝的國都，雖然東漢時遷都洛陽，但長安仍舊是漢朝極為重要的城市。

漢朝時，長安周遭分為三個行政區，分別為京兆尹、左馮翊、右扶風，因此關中也被稱為「三輔」，取三位行政區長官輔助治理國都之意。

東漢末年，關中地區先後被董卓及李傕、郭汜摧殘，變得破敗不堪。《後漢書．董卓列傳》是這樣形容當時的慘狀：「人相食啖，

決戰東西軍。

白骨委積，臭穢滿路」，隨後「二三年間，關中無復人跡」。也因為這樣，使得原先在西部邊境討生活的豪強，得以趁虛進入關中，割據稱雄。

除了馬超的家人都在曹操手上之外，還有另一位關中軍閥韓遂，處境與馬超相同。韓遂將自己的兒子送去了鄴城，而韓遂也是馬騰的結拜兄弟，馬超則是他的世姪。

面對曹軍的不請自來，馬超和韓遂做出了艱難的決定。

「為父」還是「棄父」？

當兩人決定要興兵反抗時，馬超是吃了秤砣鐵了心，即使要背負著棄父罵名，也要與曹操槓上。[1]

這段記載在《三國演義》變成馬騰因參與刺殺曹操計畫而被處死，馬超為報父仇憤而起兵，完全是因果錯置了。為什麼《三國演義》要這樣安排？想必是因為馬超後來投奔劉備之故。日後成為蜀漢五虎將之一的馬超，**不僅是正義的化身，更是孩子的偶像**，怎麼可以有不顧家人安危起兵造反的汙點呢？

與狼共舞。

即使歷史真相有些尷尬，也不應以此苛責馬超。若設身處地站在他的立場來思考，馬超實在有他不得已的苦衷。

《三國演義》所形塑的關中聯軍是眾志成城、槍口一致對外，韓遂底下還有所謂的「八將」，直接聽從韓遂號令。但這所謂的「八將」，其實是八個各自獨立、互不隸屬的軍閥，與馬超、韓遂平起平坐，馬超不過是如同當年討董聯盟袁紹那樣的臨時共主。

要戰要降，不是馬超一個人說了算，身邊還有許多叔伯盯著，要是稍微表現出一絲絲怯懦的態度，說不定仗都還沒打，就先被自己人吃掉了。更何況，韓遂過去就是會幹掉夥伴往上爬的狠角色，這也讓馬超很難對他百分百信任。

當初馬騰與韓遂雖燒了黃紙、斬了雞頭，但**不是每個戀曲都有美好回憶**，也不是每個結義都能其利斷金。《三國志．蜀書．馬超傳》裴注引《典略》記載他們兩人「後轉以部曲相侵入，更為讎敵」，韓遂甚至不顧結義之情，發狠地「殺騰妻子」。

更諷刺的是，馬、韓二人的紛爭後來還是曹操的「關中代理人」鍾繇調解，一番斡旋後兩人才停戰休兵。馬騰後來答應前往鄴城，多少也和韓遂之間的心結有關，畢竟殺妻殺子之痛，不是說聲對不起就可以沒事的。

種種因素使得馬超很清楚他的盟友韓遂，是與他軍事實力相當、還隨時會轉身吞掉你的貪狼。跟他一同聯手無異是「與狼共舞」，這使得馬超的處境嚴峻且尷尬。

相對於馬超有這麼多隱憂，曹操就顯得綽有餘裕。

好整以暇的陰謀

赤壁之戰後，南方的主導權落在孫權、劉備手中。不過戰敗的曹操資本雄厚，倒也有恃無恐，還在大本營鄴城周遭興建了奢華的大型建築「銅雀臺」，以彰顯自己為漢朝所做的重大貢獻。

《三國志．魏書．武帝紀》裴注引《魏武故事》中，完整記載了曹操在建築銅雀臺的同一時間所發表的公開聲明，闡述自己原本是多麼地天真無邪，之後幸運地輔佐漢帝、幸運地打敗許多強敵、又幸運地當到了丞相高位，這一切都是個人的小幸運。外面傳言曹操有想當皇帝的野心，完全是無稽之談、空穴來風[2]。

「我已經重申過無數次了，丞相這個位子，我一定會做好、做滿。」曹操露出甜甜的梨渦笑道。

擺脫赤壁陰霾的曹操，暫且放下南方紛擾，將目光轉向西方。

當時有人就討伐張魯一事做出勸諫，但曹操卻不置可否，仍然決定出征。周遭很多人對於關中聯軍的慓悍有所顧慮，但曹操只是淡淡地回道：「這場戰爭是我們握有主動權，不是關中那群魯蛇。就算他們再凶猛，我也會讓他們使不上力，你們就等著看好戲吧！」

曹操完全把關中聯軍之間的矛盾摸了個透，根本是故意誘使他們造反，不愧是在亂世打滾二十餘年的奸雄！

「計畫成功！」曹操陰險地笑著。

曹操當場給大家上了一堂課，他道：「馬超、韓遂那群餓狼，如果我們主動攻打，他們各自憑依險要防守，不花個一兩年是搞不定的。現在略施手段引他們全軍出擊，那可省了不少麻煩。」

「他們人數雖然眾多，可是誰也不服誰，沒一個真正帶頭的，我們趁機一口氣把他們給鏟了！」孟德兵法講座如是說。

曹操的分析精準到出汁，固然馬超、韓遂等人的關中聯軍十分強悍，在戰爭前期也讓曹操吃了不少苦頭，但曹操畢竟是曹操，立即給予反擊。馬超等人心裡頭多少有點被趕鴨子上架的心態，一見戰況不利，馬上遣使求和。

一群魯蛇。

「曹丞相……」使者一入曹操營中，便作揖道。

「叫我嗎──有事嗎──？」曹操懶洋洋地躺在榻上。

「我們家主子共同決議，願意割讓土地，並再送兒子到鄴城作為人質……」使者回道。

「真假？」曹操轉動身子，改趴在榻上。

「只求曹丞相願意撤軍……」使者戰戰兢兢地提出需求。

「我想想──」曹操坐起身來，有氣無力地托腮回答。

關中聯軍的使者仍杵在那兒等待曹操答覆，曹操對於馬超等人的示弱，反倒有些躊躇了。這時曹操麾下著名的謀士賈詡悄悄在他耳邊說了句話。

「假裝答應。」賈詡道。

曹操覺得賈詡的話有點意思，於是以眼神示意要求他再進一步說明。

「離間他們。」賈詡又淡淡地道。

「！！！」曹操恍然大悟。

馬超與韓遂之間的矛盾，曹操不僅心知肚明，連和事佬都當過。加上曹操在年少時與韓遂也有些交情，因此賈詡的離間計，一切都變得水到渠成。

在曹操假意答應停戰後，關中聯軍公推韓遂為代表跟曹操和議。兩軍陣勢擺開，韓遂與曹操分別策馬向前，在眾目睽睽下開啟談判。曹操不談正事，盡與韓遂聊青春、聊回憶、聊他們的少年時代。韓遂心裡雖急，但關中聯軍已落下風，只能被曹操牽著鼻子走。

韓遂回營之後，眾人詢問談判的結果如何，韓遂也只能回答：「什麼也沒談。」這個回答顯然讓馬超以及其他軍頭不太滿意。

數日後，關中聯軍又收到了來自曹操寫給韓遂的一封信，信中內容塗塗抹抹，感覺是要掩蓋什麼事情，又使馬超起了嚴重的疑心。

「世伯，為什麼曹賊寄給您的書信，您要刻意修改？」馬超拿著信向韓遂質問。

「這不是我改的啊！我一拿到信時，內容就是這樣了。」韓遂無奈地答道。

「信中寫著：**『老韓，想起那天晚上，我和你×××到天亮，才知道你的○○好厲害。』**×××是什麼？○○又是什麼？」馬超的語氣變得嚴厲。

「……。」韓遂無言以對。

曹操略施小技，便輕易讓馬超與韓遂的互信潰堤。在這大好機會下，曹操派出了特種部隊「虎豹騎」攻擊關中聯軍並大獲全勝，關中聯軍宣告瓦解，馬、韓二人分道揚鑣。

世伯，你和曹操談得如何？
什麼也沒談啊。
馬超
韓遂
世伯，你改了信的內容吧？
我沒有……
世伯，信裡寫的曹操和你╳╳╳到天亮是什麼？你的○○好厲害又是什麼！？
幹……我真的不知道啊。

曹操的離間計正往奇怪的方向展開著。

隴上再起

韓遂退守老巢，馬超則一路向西逃竄。曹操領兵全力追擊馬超，他知道若讓勇猛無比的馬超逮到機會喘息，西方的紛亂是不會止息的。《三國志．馬超傳》裴注引《山陽公載記》記載了曹操對馬超的評價：「馬兒不死，吾無葬地也。」可以想見曹操對馬超的忌憚。

就在千鈞一髮之際，曹操收到了來自鄴城的消息：鄴城附近的河間郡（郡治在今河北滄州）出現動亂，曹操擔心大本營有失，只得停下攻勢，準備將大軍帶回鄴城。這時，有個人出來反對曹操的安排。

「曹丞相，請聽屬下一言。馬超的勇猛，可比大漢初建時的名將韓信和英布，而且長年經營西境，在胡人的部落間頗有名望。」說話的人為涼州刺史韋康麾下的參謀（軍事幕僚）楊阜。

「喔？這不是楊義山（楊阜字）嗎？你繼續說下去。」曹操道。

馬兒不死。

「若曹丞相因為河間郡的一些小騷動，便要從此地撤軍而不作防備，恐怕隴上地區的所有郡縣，都會被馬超給奪走。」楊阜道。

「隴上」是指現今甘肅省、陝西省北部一帶，是當時涼州的統轄區域，也難怪身為涼州刺史參軍的楊阜會如此憂心。曹操肯定楊阜的建言，但仍放心不下鄴城，幾經權衡後還是決定撤軍，倉促之間留了麾下大將夏侯淵坐鎮長安，負責收拾潼關戰後的殘局。

河間叛亂正如楊阜所料，三兩下就弭平了，曹操返回鄴城後，將馬騰夷三族，一家老小兩百餘人全數處死，此時的馬超可真稱得上是「國破家亡」。他蟄伏在隴上地區，獲得羌族部落的大力協助，重整軍隊蓄勢待發。

楊阜沒想到，曹操的一時輕忽，竟讓他與馬超在不久的將來，成為命運的宿敵。

馬氏家族究竟是憑藉什麼，能在羌胡之間享譽盛名，並能獲得他們的大力支持呢？首先是馬騰的身分特殊，他就出生在隴上地區，而且母親是羌族人，因此他不但在血緣或是生活上，都是道地的「漢、羌各半」，這讓他日後管理漢、胡雜居的西境有莫大幫助。

〈馬超傳〉裴注引《典略》記載，馬騰「性賢厚，人多敬之」，如此性格使其有能力處理漢、羌之間的摩擦；之後馬騰在長安附近的槐里封侯，積極治理下「三輔甚安愛之」。

由於馬騰深耕西境多年，深受人民的愛戴與肯定，亦是漢人與羌族之間的「公道伯」，因此馬超接手父親的勢力後，能夠獲得當地奧援甚多，也不足為奇了。

蓄積實力長達一年後，馬超再次出擊非同凡響，整個隴上地區的地方官因畏懼於馬超的威名紛紛投降，除了羌族以外，氐族的部落也起兵響應，連漢中張魯都前來支援。此時正是馬超戎馬生涯的第二度高峰，也是他復仇的時刻。

「曹賊殺了我全家，我要你們血債血償！」馬超仰天狂吼。

隴上地區僅剩冀城（今甘肅甘谷）堅持固守，守城者正是涼州刺史韋康，與他的參軍楊阜。冀城不僅是隴上第一大城，也是涼州的州治，冀城一失就等同整個涼州拱手讓給馬超，屆時情況會比潼關之戰更加棘手。楊阜號召城內義士與自家親戚，勉強拼湊出一千餘人，抵抗總數超過一萬的馬超軍長達八個月。

冀城包圍戰

這場冀城之戰，在《三國演義》中僅用了半回篇幅，然而歷史上的冀城之戰，遠比小說所描述的精彩且悲壯。

楊阜拚死抵禦馬超的攻勢，情況卻不見好轉，眼看是撐不了多久了。刺史韋康認為這樣下去不是辦法，於是派遣他的別駕（刺史副手）閻溫，偷偷前往長安，向夏侯淵請求援軍。

閻溫為了躲避馬超軍隊，連夜走水路出城，可惜中間折騰太多，來不及在天亮以前走遠，行蹤還是被發現了。

「閻別駕，現在勝負已定，您老又被我抓住，這下要如何展現您的大義呢？」馬超一邊說著，一邊命人將閻溫鬆綁。

「不如這樣吧！您到冀城城下，告訴他們曹賊的援軍是不會到了，令他們開城投降，這樣我馬孟起保證讓您能安養天年。」馬超勸說道。

閻溫沉默了一會兒，應道：「好，你把我帶到冀城城下。」

站在城牆上的刺史韋康與楊阜等人，見到閻溫站在城下，兩旁還有馬超的軍士跟著，便知事情不妙。

閻溫抬著頭望著韋康，大喊道：「韋大人再撐著！夏侯將軍的軍隊三天後就到了！」

聽到閻溫此言，冀城守軍充滿鬥志，馬超搶攻數日皆無所獲。

「你這個老傢伙難道不要命了？城裡頭還有沒有欲降之人，快說！」馬超氣急敗壞道。

「老夫雖馬齒徒增，卻也知道『忠義』二字，你這小子要我做不忠不義之事，還不如把我殺了！」閻溫大罵。

「我成全你。」馬超瞪大的雙眼遍布血絲，提著刀將閻溫給砍了。

然而好幾個三天過去了，夏侯淵的援軍依舊見不著影子，韋康等人又收到了閻溫被馬超所殺的情報，已是萬念俱灰。

「現在城內糧食已經吃完了，閻別駕又……。我實在不願見到更多人因我失去性命，我們……投降吧！」韋康無奈地道。

「韋大人何出此言！為了守住冀城，我不惜犧牲全族子弟的性命。要是現在放棄的話，一切都結束了啊！」楊阜跪在地上痛哭流涕。

此時另一名參軍趙昂跟著道：「屬下深知韋大人並非貪生怕死之徒，會有這樣的決定，想必是慎重考慮後的權宜之計。我們不如再支撐一陣子，過幾日夏侯將軍就到了也說不定。」

「罷了！咱們大勢已去。」韋康慘然一笑，搖頭道。

楊阜與趙昂的勸阻未果，韋康下令開城，這場慘烈的攻城戰算暫告一段落了……嗎？

不，這只是另一齣悲劇的開始。

血債血償。

冀城的犀利人妻

馬超席捲隴上，僅剩涼州刺史韋康死守冀城，終在苦等不到夏侯淵援軍之下，開城投降。參軍楊阜、趙昂雖百般不願，也只能遵從長官的決定。

守城的一方固然艱苦，但攻城的另一方也不好受。馬超圍城的時間恰巧是正月到八月，歷經嚴冬到酷暑，加上閻溫事件，令馬超身心皆到達了極限。於是他在入城之後，下達一道足以改變他人生的命令。

「把韋康拿下！拖出去就地正法！」馬超怒道。

韋康深受百姓的敬重，處死韋康的消息傳開後，引起了冀城上下極大的反彈，尤其是楊阜與趙昂，對於馬超報復性質的處置，感到非常憤怒。

「韋大人是抱著多大的覺悟出降，沒想到卻……簡直欺人太甚！」楊阜咬牙切齒道。

「當時妻子也要我勸阻韋大人不可開城，馬超果然無法信任。」趙昂說完，不禁搖頭嘆氣。

世間奇女子。

「事態演變至此，恐怕嫂子不會善罷干休。」楊阜道。

「我家那口子只要認真起來，可不是鬧著玩的。」趙昂說完，兩人同時點頭。

趙昂的妻子名叫王異，她的生平主要收錄在《三國志．魏書．楊阜傳》裴注所引的《列女傳》中。王異是一位性情剛烈且執著的女性，激進得近乎有些變態。

早年趙昂被派到外地，王異獨自撫育著年幼的孩子。不久當地發生了叛亂，叛軍攻破城池，王異的兩個兒子遭到殺害，僅剩她與女兒趙英困在城中孤立無援。

王異不願被叛軍給汙辱，本想持刀自戕，但是她看到身邊嚎啕大哭的趙英時，態度不禁軟化。

「我死沒什麼大不了，但小英的爹在外地，之後她孤苦伶仃的，又有誰能依靠呢？」王異喃喃自語道。

王異雖想以結束性命來保全貞節，但終究是放不下女兒，腦裡千迴百轉後，暫且打消了尋死的念頭。

「即使像是西施那樣的美人，穿上髒衣服也不會有人靠近，更何況我這個黃臉婆？」王異甫一想定就立即付諸行動。她抓起了一件麻織上衣，丟進茅坑浸泡著糞水，然後披在自己的身上。

誰那麼天才告訴妳衣服抹大便就不會有男人碰的？

王異不僅穿上糞水衣，她還故意吃得很少，把自己瘦得不成人形，讓叛軍看了就倒胃口。更可怕的是這樣的生活型態，王異竟堅持了將近一年，不死也剩半條命了。至於如何安置女兒趙英，《列女傳》並未提及，但依王異的性格，相信也是比照辦理。

叛亂逐漸平息後，趙昂趕緊派遣部屬將王異母女接回。好不容易可以一家團聚了，王異卻突然停下了腳步。

「小英，娘一直很崇拜過去那些忠貞女子的氣節，並想向她們學習。」王異向趙英說道。

「娘本來就是將死之人，能忍辱偷生至今，完全是為了妳。現在妳就要到爹爹那兒去了，我卻沒有面目再見妳爹爹，永別了！」王異說完，就從懷裡拿出準備好的毒藥，毫不猶豫地嗑下去。

就在王異因毒性發作而昏迷時，身邊趙昂的部屬從懷裡拿出一瓶物事。

「趙大人果然了解夫人性格，事先已給了我解藥！」趙昂部屬趕緊將藥灌入王異口中，總算是有驚無險。

到了冀城之圍時，王異不僅將自己的首飾珠寶拿來獎賞軍士，還戴上了射箭用的臂套，拿起弓箭協助趙昂守城，**簡直就是漢朝版本的亞馬遜女戰士。**

趙昂有這樣的妻子，心裡不知是幸福多些，抑或是刺激多些呢？

王異
HP-5
HP-5
HP-5
HP-5
HP-5
HP-5
HP-5
我本是將死之人，忍辱偷生至今……（略一千字）
王異、中毒！

HP-5
HP-5
HP-5
HP-5
HP-5
HP-5
HP-5
我沒有面目見夫君……永別了各位！

幸好趙昂大人早已想到……
解毒劑！
趙昂隨從的手
別礙事！

反「馬」連線

在馬超初步平定隴上地區後，夏侯淵就像電影裡的警察一樣，人都死得差不多了才抵達現場。馬超集結兵力給予反擊，再加上氐族在後方響應，夏侯淵眼見戰況不妙，只好退回長安。

西境再度混亂，此時的曹操回到鄴城後，就忘記了當初要把丞相「做好、做滿」的承諾，不僅咬著丞相職位不放，還開始籌備就任「魏公」的事務。在冀城淪陷的前一個月，正式成為魏公，無暇兼顧西境戰事。

拉回冀城的情況。趙昂與楊阜兩人不僅是同鄉，且都是少年成名，馬超自然清楚兩人的才幹，一直想收為己用。不過他也明白殺了韋康後，兩人對他一定充滿怨念。於是馬超將趙昂與王異的兒子趙月抓去，作為要脅。

儘管馬超使出小人手段，但他沒料到對手是連大便跟毒藥都毫無畏懼的犀利人妻。王異不動聲色，反而與馬超的妻子楊氏交好，兩人成了閨密好姐妹，還不時向楊氏提點些建議，由楊氏轉達給馬超，令馬超對趙昂夫婦漸漸失了戒心。

僅是取得馬超信任是不夠的，楊阜等人還需要外援。這時楊阜想到冀城以南不遠的歷城，由他的表兄姜敘把守，若能趁機出城尋求協助，裡應外合之下就有逆轉勝的機會。楊阜與趙昂密談該如何計劃「反馬」，並苦思著該用什麼法子離開冀城。

不久，楊阜的妻子「剛好」去世，楊阜向馬超告假，請求出城葬妻。馬超對楊阜並非完全信任，但或許見到楊阜憔悴的模樣，想起了父母手足因他而死的往事，再三考慮下決定准假。

楊阜獲得許可離開冀城後，便星夜前往歷城。他表面上是為了辦理妻子喪事而來到歷城，但這一切種種過於巧合，很難讓人相信是自然發生。**說不定楊阜……，我不敢再想下去了。**

反馬。

楊阜從小在姜家生活成長，因此與姜敘的母親、也就是他的姑媽感情十分要好。楊阜來到歷城後，首先便是拜見姜母，隨後再向姜敘說明了冀城之事，說著說著三人相對而泣。

「表弟，接下來你要怎麼辦呢？」姜敘問道。

「楊阜無能！既不能守住冀城，也沒能隨韋大人同死，還有什麼臉來面對世人！」

楊阜說完後，嚴肅地盯著姜敘。

「馬超不顧家人安危、起兵造反，又濫殺我涼州官員。發生這樣的禍害，又豈只有我楊阜的責任？所有涼州士人都應為此感到可恥！表兄擁歷城之兵卻無討賊之心，不也等同是殺害韋大人的共犯嗎？」楊阜道。

姜敘對於楊阜的指責默然不語。

不久，楊阜的情緒也和緩了下來，接著道：「馬超雖然勇猛，但卻缺乏仁義。這讓我們有可趁之機，對付他並非難事。」

「伯奕（姜敘字），韋大人之死，你的無所作為也要負上責任。」這時姜母也嚴肅地向姜敘道。

姜敘看著母親，又看著楊阜，眼神變得堅定。

姜母續道：「你不需要顧慮娘的安危，世事自有定數。人終將一死，能夠為國殉身，也算盡了忠義本分。你們趕快準備吧！我不會連累你們的。」

姜敘同意舉兵，與冀城的趙昂夫婦如火如荼地分別籌劃著「反馬」大計，暗中聯絡許多同鄉的有志之士，準備在起事時一同響應。

沒有贏家的復仇

事情都在順利進行中，不過此時冀城內的趙昂，尚有一個未解的結。

「現在有志之士都已暗中集結，楊阜也在歷城保持聯繫，奪回冀城是勢在必得。只不過……」趙昂愁道。

王異當然知道趙昂的顧慮為何，說道：「你是擔心起事之後，被馬超挾持的月兒，會遭逢不測是嗎？」

趙昂沒有作聲，此時的他正被「君臣」與「父子」之間擇其一的難題給困惑著。

「人生來就是為了力行『忠義』二字，我們連自己的命都不足惜了，何況是月兒呢？」王異好可怕，月兒可以死，小英卻不能死，月兒心中會留下陰影的啊！

一切就緒後，楊阜與姜敘率軍從歷城出發，宣告討伐逆賊馬超，這時距離馬超占領冀城不過一個月。歷城的率先發難，開啟了反「馬」連線的序幕。

馬超得知被楊阜擺了一道後，情緒再度失控。趙昂等人按照計畫煽動馬超，慫恿他親自領兵出城。

「我念你楊阜是個人才，才對你處處禮遇，你竟然利用葬妻名義，出城起兵反我？老子不將你碎屍萬段，誓不為人！」馬超咬牙切齒道。

馬超帶著他引以為傲的關中雄兵，全力痛擊楊阜。楊阜等人將軍隊駐紮在冀城與歷城之間的要塞——鹵城，準備與馬超打起持久戰，將馬超鎖在鹵城，使他無法顧及冀城。

果然，就在馬超陷入鹵城的戰事泥沼時，趙昂夫婦帶領一群義士發難，冀城瞬間易幟。馬超的妻子楊氏與他的孩子也在這場政變中被殺。不論是楊阜或是王異，為了替韋康報仇，皆用上了最殘忍、甚至可說是下流的手段，楊氏也萬萬想不到，竟會死在與其交心的好姐妹手裡。

為了斷絕馬超生路，趙昂夫婦另領一軍駐守在冀城西南方的祁山，若是馬超回防冀城，它們便可從祁山進行截擊。馬超就像是被困在鐵籠的猛獸，進退失據。

此時馬超的心情除了憤怒之外，也許更多的是疲憊、悲傷和痛苦。當下馬超決定放棄攻打鹵城，全軍撤退。

「敵軍一哄而散……這是怎麼回事？」姜敘不敢相信自己的眼睛。

「剛剛從士兵那兒得到消息，馬超似乎宣布撤軍了。」楊阜道。

馬超攻打隴上，漢中的張魯還派軍助陣，馬超投奔漢中似乎合情合理。不過在這之前，馬超打算好好「答謝」楊阜、趙昂等人的「盛情款待」，於是奇襲防務空虛的歷城，並俘虜了姜母。

「你這個逆子、反賊！天地間哪容得下你這個萬惡不赦之徒！竟還有臉苟活，也不怕人笑話！」姜母絲毫不畏懼馬超，對著他破口大罵。

「這老太婆真吵。」馬超一刀就把姜母給了結。

「死了老的，還有一個小的。」馬超又殺了趙昂與王異之子趙月。

等到楊阜驚覺，並日夜兼程趕回歷城時，一切都太遲了。楊阜悲憤地對馬超發動猛烈攻勢，決心死戰到底。

山窮水盡疑無路

兩個心中有著莫大傷痛的男人，發了瘋似地相互殺戮。惡鬥的結果由楊阜勝出，馬超逃到漢中尋求張魯的庇護。楊阜是勝利了，但卻是用自己身負重傷以及死了七名同宗兄弟所換來。

馬超心中怒火仍未平息，他在張魯的資助下，率軍圍困趙昂夫婦所把守的祁山，屢次進攻皆得不到戰果，反被趙昂夫婦巧妙的布陣給逼退。在這節骨眼上，夏侯淵又出來支援了，馬超聯合氐、羌部族，拼湊出三千多人對抗。甫一對壘，夏侯淵光先鋒就有五千人，馬超再打下去無異以卵擊石，無奈之下決定撤軍，回到漢中。

夏侯淵不僅擊退了馬超，還順帶剿滅了一直以來支援著馬超的氐、羌部族。

馬超寄寓漢中的第一個新年，他的妻弟到他家拜年。當時馬超的妻子楊氏已經去世，但他還有個二房董氏，因此這位小舅子很有可能就是董氏的弟弟。馬超見到拜年的只有他一人，不禁悲從中來。

「我們馬家上百名族人，現在全死光了。本該喜氣洋洋的新年，如今竟只剩我們兩個！」馬超泣道。

馬超當時激動到「搥胸吐血[3]」，這樣的形容也許是誇張了些，但確實反映了馬超悲涼的處境。

張魯曾經動念想收馬超作為女婿。不過被周遭的部屬給勸阻下來。

「馬超他連自己的父親都不在乎了，還會在乎其他人嗎？」這番話也顯露出馬超在當時給人的觀感有多麼惡劣。他在西境奔波數年，失去了盟友、地盤、家人、妻小，現在連名聲也失去了。不僅如此，張魯的部屬也對這位「不速之客」多方打壓，一切種種都侵蝕著馬超的鬥志。

馬超清楚漢中並非能久待之處，但他又能何去何從呢？

正所謂山窮水盡疑無路，柳暗花明又一村，當時的蜀主劉璋正被劉備攻打，只剩大本營成都死守數個月。不過成都城內兵力尚有三萬人，糧食也足以支撐一年，因此劉備遲遲無法攻下。

這是馬超的一線生機。

「我現下雖然一無所有，不過這幾年讓人畏懼的聲名，或許可以利用。」馬超想定之後，派遣密使聯繫劉備，而對方也迅速給予馬超充滿溫暖與誠意的答覆。倉促之下，馬超來不及帶走二房董氏與孩子，僅帶著少數親信投奔劉備。

馬超殘暴、不孝、連老人跟小孩都不放過，蜀地人民都略有知聞。當劉璋站在城牆下，看見北方出現了一支軍隊，揮舞著「征西將軍馬超」的大旗。

「怎……怎麼會？『隴上殺人魔』馬超竟然來了？」劉璋嚇得全身發抖，圍城的劉備則在城下暗自偷笑，因為這批軍隊是他借給馬超的，為的就是要強化馬超的恐怖形象。果然不出十天，劉璋開城

隴上殺人魔。

投降，劉備順利占領成都。

馬超終於找到了他的歸宿，不僅劉備本人非常禮遇他，其麾下的文臣武將也能接受他的過去。大概是馬超堅決反曹的作為，讓劉備陣營的人們覺得一拍即合吧！

雄驥歸途

馬超最後在蜀地的生活，與過去有極大的反差，變得非常平穩與安逸。除了在劉備征伐漢中時參與戰事外，之後就再也沒有馬超統兵作戰的紀錄。後來劉備就任漢中王，馬超在名義上是劉備陣營的頭號人物，享有至高尊榮。

千里馬終有歸廄之時，過去的桀驁不馴如今早已消磨殆盡。彭羕遭到貶官而心生怨恨，企圖慫恿馬超叛變，馬超想都不敢想，立刻向劉備告狀[4]。他不想再讓自己捲入是非之中，他受夠了。

與馬超的命運交纏著的眾人，各自有不同的結局。

留在漢中的妻子董氏改嫁，孩子被張魯所殺，張魯則投降了曹操；過去的盟友韓遂與氐、羌部族合作，在西境與夏侯淵進行游擊戰，後來被部屬所殺，頭顱送到了曹操那兒。

楊阜因擊退馬超有功，被曹操封賞，坐鎮位於魏、蜀邊境的武都郡（郡治在今甘肅成縣）長達十餘年。晚年進入中央，最終做到九卿之中的少府（主掌皇室財產）。明帝時期，楊阜時常給予曹叡諸多勸諫。他在宮中徹底發揮剛正不阿的性格，舉凡曹叡納後宮、搞建案、穿名牌、打野味，他全部都要管，讓曹叡對他是又敬又怕。

趙昂在冀城一戰後升任為益州刺史，在漢中保衛戰時與夏侯淵雙雙戰死。妻子王異則不知所蹤，但依照她的性格，想必會毅然決然伴隨夫君的腳步。姜敘之後的事跡同樣不明，不過他有個同鄉晚輩姜維，在往後的三國時代大放異彩。

馬超在劉備稱帝後，升任為驃騎將軍，乃當時蜀漢層級最高的武官。然而這分榮耀並不長久，隔年馬超就病逝了，享年僅四十七歲。馬超在臨死之前，曾經上疏請託劉備，希望劉備能好好照顧他的堂弟馬岱。

在《三國演義》中，馬岱不僅跟隨馬超轉戰各處，往後在諸葛亮南征北伐時，皆有活躍的表現。歷史中的馬岱，事跡卻是寥寥可數，除了手刃魏延之外，便僅有在《晉書‧宣帝紀》當中所載「蜀將馬岱入寇，帝（指司馬懿）遣將軍牛金擊走之，斬千餘級」一事而已。

或許是同情吧！馬岱就如同「五虎將傳人」一般的存在，承繼著馬超的靈魂，匡扶蜀漢對抗曹魏。這樣的虛構安排，多少能讓後人稍稍彌補對於馬超的惋惜。

陳壽評價馬超時，用「阻戎負勇，以覆其族，惜哉！能因窮致泰，不猶愈乎」作為他生平的總結。意指他過去勇猛無雙的表現，反使他遭遇滅門之禍，但最後能在蜀漢王朝位極人臣，也算是種福分。

時人將他妖魔化，今人將他英雄化，或許對馬超而言，自己不過是在這兩端之間搖擺掙扎的可憐蟲罷了！

1. 《三國志·蜀書·張既傳》裴注引《魏略》：「超謂約曰：『前鍾司隸任超使取將軍，關東人不可復信也。今超棄父，以將軍為父，將軍亦當棄子，以超為子。』」「約」指韓遂，韓遂又名韓約。

2. 《魏武故事》載曹操自云：「身為宰相，人臣之貴已極，意望已過矣。今孤言此，若為自大，欲人言盡，故無諱耳。設使國家無有孤，不知當幾人稱帝，幾人稱王。或者人見孤彊盛，又性不信天命之事，恐私心相評，言有不遜之志，妄相忖度，每用耿耿。」

3. 《三國志·蜀書·馬超傳》裴注引《典略》：「正旦，种上壽於超，超搥胸吐血曰：『闔門百口，一旦同命，今二人相賀邪？』」

4. 詳見後文〈孔明的生死決斷〉。

孫吳男兒的死亡詛咒

《三國演義》在劉備病逝白帝城之後，篇幅上著重在蜀漢與曹魏之間的爭鬥，期間孫吳究竟發生了哪些事，常常一語帶過，因此大家對這段歷史的了解不深。

孫氏之所以能在江東崛起，背後親族的力量功不可沒；但在孫吳帝國建立後，宗室之間的矛盾與衝突，也間接造成了孫吳的衰亡，因此我想要將《三國演義》沒能詳述的這段不輸時下流行宮廷劇的孫吳皇室鬥爭，傳達給更多人知道。

這是我第一篇在網路上公開的文章，本文原先發表的篇名為〈孫吳一族的死亡詛咒〉。

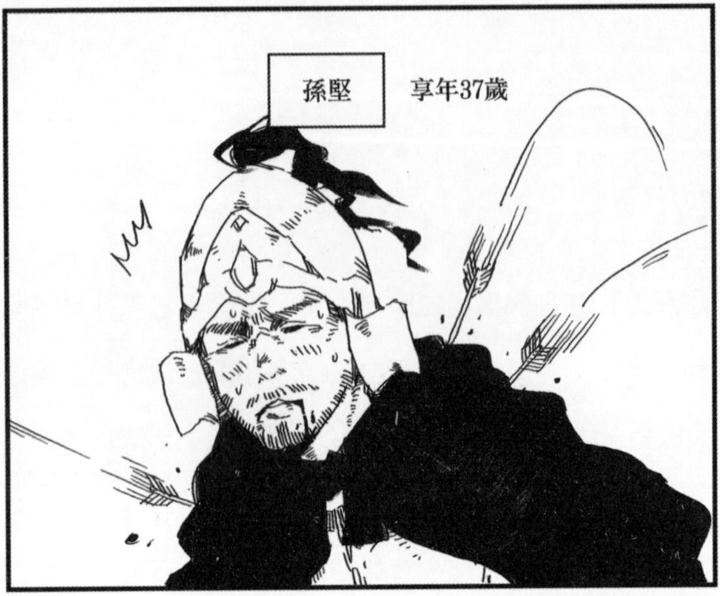
孫堅
享年37歲

孫策
得年26歲

最近胸口有點悶……應該是錯覺吧。
今年也要記得……多安幾次太歲呢。
還有壽險也……
說起來……好像差不多該預約健康檢查了。
孫權

魏、蜀、吳三國之中，孫吳帝國可說是滿特別的存在，她既不像曹魏那樣是「合法」接受漢獻帝劉協的禪讓，具有正統性；也不像蜀漢打著「復興漢室」的正義旗號，以劉姓皇族的身分延續漢朝的生命。

孫吳地處東南一隅，之所以能夠割據一方、鼎足中華，國祚還是三國之中最長的，其中關鍵在於孫吳開國皇帝孫權，他扮演了承先啟後的角色。

然而除了孫權之外，孫氏家族成員有兩個共同特色值得一談。第一是孫氏男兒皆少年得志，很年輕就已經建勳立業；第二就是短命，縱然英雄蓋世，也只有短暫的時間能夠享受榮耀。

江東之虎奔馳神州

孫吳政權的發跡，得從孫權的父親孫堅開始談起。孫堅出身自吳郡富春縣（今浙江富陽），早年當過縣吏。雖然孫堅有個知名的老祖宗——《孫子兵法》的作者孫武，但到了他那代已經跟一般老百姓沒什麼分別。

仗義高中生。

孫堅開始嶄露頭角，是在他十七歲的時候。還是高中生年紀的孫堅與父親乘著船，見到岸上有一群海盜正在分贓從商船上搶來的貨物，那些海盜囂張的嘴臉，讓孫堅頓時義憤填膺，決定要為民除害。

孫堅不顧父親的勸阻，臨時在船上糾集了一批志士，此時孫堅發揮了他的軍事天分，點派人馬將海盜包圍住，海盜誤以為孫堅等人是捉拿他們的官兵，於是急忙各自拿著贓物一哄而散。孫堅不願就此罷休，手著單刀將其中一名海盜給身首異處，並提著他的頭顱回到船上，他老爸見到此景，嚇得差點沒昏過去。

孫堅擊斃海盜的仗義行為一舉成名，也開啟了他的軍旅生涯，從此所向披靡、殺遍八方。黃巾起義時，孫堅受到當時的右中郎將（直屬朝廷的高階將領）朱儁所賞識，並隨同平亂，表現十分活躍。

之後董卓控制朝廷，引起眾諸侯聯盟起兵討伐，孫堅更是擔任聯盟軍的先鋒，斬殺董卓軍大將華雄，逼得董卓不得不帶著皇帝遷都[1]。

終究人在江湖飄，怎能不挨刀呢？孫堅在一次戰鬥中遭到了埋伏，被亂箭所射殺，另一說是被巨石給砸得腦漿迸裂而亡，但無論怎樣下場都很淒慘，死時僅三十七歲。

小霸王少年得志

孫堅的長子孫策更是青出於藍，二十歲左右就平定了江東，其氣概可與「西楚霸王」項羽相提並論，因此《三國演義》也給了孫策「小霸王」的稱號。除此之外，孫策不但有個結拜兄弟兼得力戰將的周瑜輔佐，還娶了有「國色」之稱的大喬為妻，年紀輕輕什麼都有了，好不快活。

《三國志．吳書．孫策傳》形容孫策「美姿顏，好笑語，性闊達聽受」，就是人帥幽默好相處；另裴松之也引《江表傳》所記載孫策受歡迎的場面——「士民皆呼為孫郎，百姓聞孫郎至，皆失魂魄」，男女老少都暱稱孫策為「孫郎」，聽到孫策出來逛街，瞬間萬人爭相目睹，為其神魂顛倒。

如此的超高人氣，也讓孫策在招募士兵時不過是露露面講講話，馬上就來了兩萬多人報名，**真是招募志願役的最佳範例，值得我國政府參考。**

大概是好運氣都提前預支光了，正當孫策最意氣風發的時候，竟遭到行刺，最後傷重身亡，只活了二十六年，比孫堅還短。孫策臨死之前，親自囑咐要弟弟孫權接棒，而此時的孫權，只是個十九歲的少年。

孫策另外三個弟弟——孫翊、孫匡、孫朗也都命運乖舛。孫翊和孫匡都在二十多歲時去世，孫翊和兄長孫策一樣被暗殺、孫匡則是病死。最小的弟弟孫朗抵禦曹魏入侵時，本來想放火燒敵軍，結果不小心燒光自家的糧草，孫權氣到將他終身監禁之外，還踢出孫家改姓丁，算是有史以來最可笑的無期徒刑。

這個孫氏家族何止是受到詛咒啊！先人的骨頭都葬到茅坑了是吧？

生子當如孫仲謀

但唯獨孫權天生命硬、相貌不凡。《三國志．吳書．吳主傳》裴注引《江表傳》記載他出生的時候，樣子是「方頤大口，目有精光」，就是下顎寬嘴巴大，眼神很犀利……

那不就是臺灣創作小天王吳〇群嗎？

劉備與曹魏大將張遼也曾形容孫權的身材是「長上短下」，就是說孫權的身形比例有點奇特，上半身比下半身長。這種身形在當時可是大貴之相，意思是這輩子只要坐著給人服侍就好……

那不就是臺灣綜藝天王〇瓜嗎？

身為吳〇群與〇瓜綜合體的孫權，成為孫氏兄弟的例外，從他開始統治江東到他去世，足足長達五十二年，為所有三國君主之最！超過半個世紀的時間，孫權經歷了不少挑戰，但因他知人善任，加之身邊有優秀的謀臣良將，一路走來有驚無險，成為孫吳的開國皇帝，甚至曹操都以「生子當如孫仲謀（孫權字）」來讚賞孫權。

孫權雖沒有受到「家族傳統」影響，極幸運地登上九五之尊，然而孫家的短命詛咒非但沒有消散，反而轉而開始糾纏孫權的子女們。

遭天妒的皇太子

孫權一共生有七子四女，長子孫登在十一歲的時候被立為太子。為了鞏固太子未來

短命詛咒。

所需的執政團隊，孫權挑選一些年齡相仿的高官子弟，派給孫登作為「中庶子」——就是伴讀書僮，提前培養感情和默契。孫登的性格溫厚善良，對待這些伴讀就像是對待朋友那樣，出遊同一臺車、睡覺同一張床，絲毫沒有架子。

當時的官員正式服裝需要戴「冠」，「冠」就是帽子的意思，在各種不同的場合就需要配戴不同的冠，且必須嚴格遵守。但伴讀們在陪侍孫登時，孫登不會要求他們得正經八百地戴著冠，稍微綁個平民百姓用的頭巾即可。正是這樣平易近人的特質，令許多能人志士都雲集於孫登門下。

隨著年齡增長，孫登越來越有明君的樣子。他平常出外遊獵會刻意走小徑，避免踐踏到農民播種的莊稼；累了需要歇息，也會挑選隱僻之處，不會到民家騷擾百姓。

有一次孫登的高級水盆「盛水金馬盂」被侍從偷了，孫登不忍心施以重罰，只是口語斥責並解雇那位隨從，之後孫登還要求知情的人保守祕密[2]。不過這個祕密最後還是被收錄到《三國志》裡，想必有人忍不住傳了出去，畢竟八卦是人的天性嘛。

孫登除了品德高尚之外，在政事處理上也表現不俗。孫權親率大軍北上征伐曹魏時，孫登負責留守國都建業（今江蘇南京），當年的收成不好，導致治安變得很差，孫登仁者之心，不以武力鎮壓作為因應手段，而是運用法令來規範，之後也收得了不錯的成效。

如此優秀的皇太子孫登，在三十三歲的時候不幸染病去世，死前孫登仍不忘國事，寫給孫權一封洋洋灑灑的信，裡頭提到許多他對於未來國政的看法，並推薦了許多大臣，希望孫權之後多加重用。孫權在讀這封信的時候傷心欲絕，之後有好一段時間想起孫登，都會忍不住痛哭流涕。

孫登英年早逝讓人不免感傷，若孫登能多活個幾十年，之後繼任吳國第二任皇帝，也許三國的歷史會走向截然不同的道路，孫吳在孫登的帶領之下會更加繁榮昌盛也說不定。

孫權的煩惱：二宮之爭

孫登去世時，孫權已經快要六十歲了，接班人問題開始浮現。次子孫慮比太子孫登還早死，三子孫和從小就受到孫權的寵愛，孫登生前也認為他「仁孝聰哲，德行清茂」，因此十九歲的孫和，便理所當然地成為新任皇太子。

不過四子孫霸，孫權也同樣地喜愛，於是又封孫霸為魯王，「寵愛崇特，與和無殊」，這是孫權此生所犯最大的錯誤。若只封個魯王，那倒也沒什麼，但待遇與太子一模一樣，會讓孫霸覺得自己有本錢與孫和拚搏，於是孫吳朝廷就分裂成了太子孫和派與魯王孫霸派，史稱「二宮之爭」。

兩黨為了爭奪皇位，鬥得滿朝文武烏煙瘴氣，年邁的孫權原先只想消極處理，但情況越變越糟，就連孫吳的首席大臣陸遜也在這次的鬥爭當中給活活氣死[3]，孫吳的國運從此由盛轉衰。

孫權實在受夠了，心想：「你們還要爭是吧？朕哪個都不給！」他廢掉孫和太子身分，將他安置到長沙；魯王孫霸則被賜死，死時不過二十來歲，孫權也將依附孫霸的黨羽全數處死，最終改立年紀最小的七子孫亮為太子。

皇室亂鬥又亂倫

二宮之爭平息後三年，孫權駕崩，繼位的孫亮不過是十歲的小孩，因此孫權臨終前囑咐大將軍諸葛恪來輔政。諸葛恪的父親諸葛瑾，就是蜀漢丞相諸葛亮的親哥哥。諸葛

孫吳小鮮肉。

恪在輔政之初頗為意氣風發，在對於曹魏大軍來襲的防衛戰中，大獲全勝，因此功封為丞相。

這場大捷福禍相倚，造成諸葛恪變得目中無人，不知見好就收，還想要出兵再下一城，結果大敗而歸。剛愎自用的諸葛恪最後被宗室孫峻給刺殺，棄屍荒野[4]。殺掉諸葛恪之後，孫峻就任丞相兼大將軍，開始控制朝廷。

《三國志．吳書．孫峻傳》記載孫峻「少便弓馬，精果膽決」，想必巧克力腹肌、人魚線該有的都有，堪稱孫吳「小鮮肉」。孫峻渾身散發著野性的氣息，或許讓孫權的女兒、也是孫亮的姐姐——孫魯班，動念打起了這位堂姪的主意。

孫魯班的丈夫是衛將軍全琮，所以孫魯班又被稱為全公主。這位全公主喜愛搬弄是非，先前就在孫權面前毀謗孫和與他的母親王夫人，使得王夫人憂憤而亡，也讓孫權打消了孫和復任太子的念頭。這次孫魯班又勾搭自己的堂姪，不但出軌還亂倫。

「姑姑——」

「什麼事，峻兒？」

「姑姑，我好像有點發燒，想脫衣服。」

「峻兒你氣色看起來不太好，快進姑姑的房間，裡頭有張**『寒玉床』**又大又舒服。」

孫峻無視朝中低迷的氣氛，任意操弄權柄。就連在長沙隱居的孫和，由於孫魯班沒來由的憎恨，加上他與諸葛恪有姻親關係，無端被牽連賜死，死時不過三十歲。

朝中被這對姦夫淫婦給把持，群臣當然不會坐視不管，期間又發動了數起暗殺孫峻的行動，可惜皆已失敗作收，孫峻一怒之下誅殺相關人等，孫魯班又藉機誣陷她妹妹孫魯育亦有參與，於是孫魯育在這場事變中莫名其妙被處死。

這個孫魯班肯定是心理變態，殘殺自己的兄弟姐妹，連個像樣的理由都沒有，純粹只是**「老娘不高興，所以你們都去死」**的恣意妄為。

老天有眼，孫峻掌權短短三年後，夢到被諸葛恪的冤魂糾纏，驚嚇過度發病而亡，死時三十八歲，孫峻的地位由他的堂弟孫綝來繼承。

孫吳版「康熙與鰲拜」

孫綝的囂張比起孫峻毫不遜色，《三國志．吳書．孫綝傳》稱他「負貴倨傲，多行無禮」，在他的暴政下又殺了不少大臣，打了不少敗仗，孫吳朝廷氣氛已經夠差的了，還被孫綝這二百五來補刀。

此時的小皇帝孫亮已經十五歲，到了可以親政的年紀。孫亮對於擅權的孫峻、孫綝已經不滿很久，因此孫亮親政後，時常找些事情責難孫綝，逼得孫綝不敢上朝[5]。

「七萬兩之差異，寫一堆奏章，幾十億兩的問題不處理，處理這種事，請自己搞定，不要惹朕生氣。」孫亮向孫綝斥道。

雖然孫綝不願與孫亮正面衝突，但他並非沒有對策。他安插了自己的親弟弟來統領禁衛軍，達到嚇阻孫亮的效果。

孫亮對於孫綝的反制，發揮了超乎他年齡的智慧，他先是拉攏姐姐孫魯班等朝中官員，祕密策劃暗殺孫綝；還暗自訓練一批年紀十五到十八歲的少年，約三千多人成為他的護衛軍。此舉在往後清朝康熙皇帝殺鰲拜時再度重現，可見孫亮年紀輕輕，卻頗具膽識韜略。

不過孫亮就沒有康熙的好運氣了，暗殺孫綝的計畫不幸敗露，反被孫綝帶兵發動政變，孫亮被逼退位，改封為會稽王，皇位由他的六哥孫休繼位；多管閒事的孫魯班則被流放到豫章，孫綝在這場政治鬥爭中大獲全勝。

孫綝要的是乖乖聽話的皇帝，孫休莫名其妙被拱上皇位，當然也清楚孫綝的意圖。孫休登基後的第一件事，就是封孫綝為丞相，給他一個大大的甜頭。

不過孫休不是吃素的，心中早有所準備，弟弟孫亮犯的錯他可不會重蹈覆轍。就在即位不久後的臘月祭典，孫休設局將孫綝給殺了，孫綝死時不過二十八歲。

但這時的孫休還不能放心，因為上任皇帝還活著呢！孫亮的退位名不正言不順，現在拔掉了孫綝這個毒牙，朝中肯定會有讓孫亮復辟的聲音出現，孫休可不能讓好不容易得到的權柄給溜走。

孫休以孫亮私自舉行奇怪的巫術儀式，又語出怨懟為由，將孫亮貶為候官侯。《三國志．吳書．孫休傳》記載孫亮在前往候官途中自殺身亡，不過裴松之所引的《吳錄》卻說孫亮被毒殺，年僅十七歲。究竟事實真相為何，相信大家心中自有定論。

「好弟弟，你只要活著，朕這個皇位就坐不安穩啊！」孫休的心中如此想著。

這家人暗殺來暗殺去的，殺上癮了啊？

終結孫吳的大暴君

這一連串亂七八糟的家務事都解決之後，孫休在位期間的吳國，總算得以休養生息，且有中興的態勢。但孫家命運的詛咒仍然無法擺脫，孫休這個皇帝只當了六年，二十九歲就重病駕崩。

孫休生前已立長子孫（音「彎」）為太子，孫休去世後理當就應由孫繼位。不過當時蜀漢滅亡、孫吳國內又有叛亂，孫年紀還小，大家都擔心孫峻、孫綝亂政的事情又會重演。由於左典軍（禁軍武官職）萬彧跟孫和之子孫皓有著深厚的交情，因此他向朝中重臣推薦讓孫皓繼承皇位。

這個建議雖然是帶有一些私心，但卻不無道理。當時孫皓二十三歲，正當心智成熟的盛年，加上他的父親孫和過去曾是太子，由孫和的兒子來當皇帝倒也還說得通。就在朝中重臣達成共識之下，決定改擁立孫皓為帝。孫和一生雖與皇位失之交臂，不過他的兒子最終卻做了皇帝，造化果然弄人。

孫皓登基後並未因前人事跡而有所警惕，還成為孫吳歷代最為殘暴的皇帝。即位不到兩年，就將擁立他的重臣以及孫給殺了。之後連一路挺他的萬彧都不能倖免，萬彧在心灰意冷之下也自我了斷。孫皓做過的荒唐事實在太多，最終孫吳就斷送在他的手上，孫皓降伏於晉朝司馬氏，孫吳自此亡國。之後的孫皓在晉朝的庇蔭下，過得還算安穩，最終在洛陽逝世，年四十二。

孫權七子就屬老五孫奮最沒出息，沉迷於出遊打獵，還擅殺官吏，後被貶為庶人。若之後就安分當個老百姓倒也沒什麼，但在孫皓當政時卻莫名傳出孫奮要當皇帝的謠言，孫皓一聽不爽，把孫奮跟他五個兒子都殺了，孫奮何其無辜，死時年紀頂多四十來歲。

總結孫吳的皇室物語，就是爸爸殺兒子、哥哥殺弟弟、姐姐害妹妹、姑姑搞姪子、姪子又殺叔叔，除了孫權以外，他的父兄弟子女無一善終，不是被殺就是短命。

正所謂天地有情，人生無常。皇族的生活**就像一張網，讓人掙不開也逃不脫；一如蜘蛛活在自己編織的網中，吞噬獵物，也等著被獵物吞噬……**

1. 此事在《三國演義》成了關羽「溫酒斬華雄」。
2. 《三國志．吳書．孫登傳》：「又失盛水金馬盂，覺得其主，左右所為，不忍致罰，呼責數之，長遣歸家，敕親近勿言。」
3. 《三國志．吳書．陸遜傳》：「權累遣中使責讓遜，遜憤恚致卒，時年六十三，家無餘財。」
4. 另參見後文〈小時了了〉。
5. 《三國志．吳書．孫綝傳》：「綝以孫亮始親政事，多所難問，甚懼。還建業，稱疾不朝……欲以專朝自固。」

小時了了

這篇文章起初的靈感，是來自於兩部電影：一部是國片《我的兒子是天才》，另外一部則是港片《棋王》。這兩部電影都是在講述一個天賦異稟的神童，因為生長在不適合的環境，被周遭的人用不適合的方式對待，他們過人的才能反而帶給了他們不幸。

生活在漢末三國時期的孔融與諸葛恪，自幼便表現出過人的天賦而有所成就，但人生的結局令人嗟嘆不已。關於這兩人的生平事跡，我用了比較輕鬆詼諧的方式來陳述，希望能多少沖淡些沉重的氣氛。關於諸葛恪的事跡已在前篇〈孫吳男兒的死亡詛咒〉稍作提及，本篇將會有更深入的介紹。

本文原先發表的篇名為〈天才與白痴　你黐定我黐〉，來自香港殿堂級流行歌手許冠傑的同名經典粵語歌曲〈天才與白痴〉。

媒體很喜歡報導一些世界各地天才兒童的逸聞，讀者也很容易被這種主題吸引，例如八歲上大學、九歲取得雙碩士學位、十歲當CEO等諸如此類的變態成就。這些基因突變的人類令我們這些凡夫俗子羨慕又嫉妒，但冷靜下來又會覺得，這些在人生階段不斷跳級的神童，長大成人後能夠依舊一路順遂嗎？

諸葛家的麒麟兒

三國時代英雄豪傑多不勝數，裡頭有幾個神童不足為奇，在魏、蜀、吳三國將相輩出的諸葛家族，也出了卓然超群的諸葛恪。在《三國志・吳書・諸葛恪傳》裴注引《江表傳》記載諸葛恪「少有才名，發藻岐嶷，辯論應機，莫與為對」。「岐嶷」意思是年幼聰慧，官方認證神童無誤。

諸葛恪，字元遜。父親諸葛瑾乃堂堂孫吳「大將軍」，大將軍在孫吳是第二高的將軍職，僅次「上大將軍」陸遜，叔父又是蜀漢丞相諸葛亮。「製造來源」品質優良，也難怪諸葛恪天縱英才。

諸葛恪成年後也開始踏入政壇。有一次孫權大宴群臣，諸葛父子皆是座上賓，宴中酒酣耳熱，微醺的孫權見到一旁的諸葛瑾臉型瘦長，越看越滑稽，一時興起便命人牽了頭驢子，拿了木片在上面寫著「諸葛子瑜」（諸葛瑾字）四字，掛在驢頭上藉此調侃諸葛瑾。

「什麼態度、你什麼態度！」孫權也許還會「笑虧」一下。

孫權突如其來的揶揄，讓群臣有些不知所措，諸葛瑾見主公乘酒興開開玩笑，自己也只能摸摸鼻子認栽。此時的諸葛恪看出了父親的表情不對勁，於是起身走向驢子，拿筆補上「之驢」二字，合起來便成了「諸葛子瑜之驢」。

諸葛恪此舉讓宴會的氣氛達到高潮，也順勢化解了諸葛瑾的尷尬。孫權不以為忤，反而盛讚諸葛恪機智過人，於是就把那頭驢子送給了他。這也是我們現在常說「面子」一詞的典故。

某日，孫權又將諸葛恪找來抬槓。

「元遜啊，你覺得你父親和你叔叔諸葛亮，哪個比較優秀啊？」孫權問了一個程度僅次於「我跟你媽掉進水裡，你會先救誰」的爛問題。

「當然是我老爹。」諸葛恪想都不想，隨即回道。

孫權又問：「為什麼？」

諸葛恪回：「因為我老爹知道應該效忠誰，而我叔叔不知道，因此高下立判。」孫權聽完又開心得不得了。

孫家的馬屁精

孫權其實骨子裡是個玩咖，「性既滑稽，嘲啁無方」，並非正經八百的乖寶寶。其時夷陵之戰已過，吳、蜀兩國恢復邦交，開始互派使者交流。蜀使千里迢迢來到吳國，身為東道主的孫權理所當然要幫使者接風洗塵。

「又有藉口可以辦 party 啦！」孫權大樂。

宴席之間，孫權將諸葛恪叫來旁邊，對著蜀漢使者說道：「這位就是諸葛恪啦！他本身興趣是騎馬，你回去後跟你們家丞相說說，送幾匹上好蜀馬給他的好姪兒！」

孫權甫一說完，諸葛恪立刻動作浮誇地向孫權謝恩。孫權笑問道：「馬都還沒送來呢！你這是要謝什麼呢？」

「蜀地就像我大吳養在外頭的馬廄，今晚陛下金口一開，臣必能獲得好馬。既然如此，臣還不趕緊叩謝陛下皇恩浩蕩？」諸葛恪道。

諸葛恪這番吃蜀漢豆腐的言論，讓孫權樂不可支，反倒是蜀漢使者當下臉色恐怕好看不到哪兒去。

不僅孫權欣賞諸葛恪，太子孫登也與他頗有交情。由於諸葛恪是官二代，因此被選作太子孫登的中庶子，也就是伴讀書僮。孫登貴為孫吳的繼承者，人卻沒什麼架子，與伴讀書僮相處起來就像朋友。既然是朋友，彼此唇槍舌劍，講些垃圾話也在所難免。

有次不知什麼緣故，孫登突然對著諸葛恪說道：「元遜你怎麼不去吃馬屎呢？」

諸葛恪愣了一下，大概心想有其父必有其子，都愛嘴上消遣臣子。遇到這種情形諸葛恪也不能真的反嗆回去，畢竟君臣有別，別拿身家性命開玩笑。

諸葛恪露出燦爛的笑容，恭敬地回道：「臣希望太子殿下可以多吃雞蛋。」

孫權此時聽見兩人的對話，好奇地向諸葛恪道：「登兒罵你吃馬屎，你怎麼反叫他吃雞蛋呢？」

諸葛恪回：「我們吃的東西，都是從同一個地方出來的，很公平啊[1]！」

孫權聽完又是一陣大笑，諸葛恪不知是有心還是無意，他總是很懂得迎合孫權的脾胃。諸如此類的的逸事，無論是正史《三國志》還是裴注的《恪別傳》、《江表傳》都收錄不少。

元遜你怎麼不去吃馬屎呢？
孫登
……
諸葛恪

給我自己去吃啊……廢物！
……？
90°
微臣希望太子殿下可以去吃顆雞蛋。

將大赤吾族也

諸葛恪機靈的應對進退，令孫權對他的印象非常好。孫吳政權有一個自創的官職，名為「節度官」，主要負責軍糧的籌措與支出，是關乎軍事後勤的重要職務。當時擔任節度官的人去世，需要另挑人選來接任，孫權首先想到了諸葛恪。

諸葛亮得知此項人事命令後，寫了封信給當時孫吳的上大將軍陸遜（字伯言）。信中的意思大致如下：

Dear 伯言：

聽聞元遜即將接任貴國的節度官，節度官掌管糧秣，糧秣乃治軍首要大事，處理最需細心縝密。元遜個性粗枝大葉，家兄年紀也大了，很難仔細一一提點。

敝人對此安排感到憂心，還煩請伯言轉告貴國皇帝，請他三思。

P.S. 沒事，就只是想用一下 P.S.。

恭請　鈞安

Best Regards

大漢國丞相府辦公室

益州蜀郡成都玄德路一號二樓之一

諸葛亮特地來信，自然是認為此事非同小可。陸遜收到信後，也很慎重地向孫權傳達。孫權思考了一陣，決定將諸葛恪轉去負責軍隊的統領。

諸葛亮說諸葛恪粗心是客氣了，他父親諸葛瑾給的評價更直白：「恪不大興吾家，將大赤吾族也。」意思就是這孩子不但不會讓家族興旺，反而會將家族帶上絕路。

孫權即使珍視諸葛恪的才華，但他也心知肚明諸葛恪在性格上有重大缺陷，一言以蔽之——「剛愎自用」。後來孫權病重時，一度猶豫要不要讓諸葛恪來輔佐年僅十歲的太子孫亮，但想來想去好像也沒有比他更好的選擇。

馬屁精。

諸葛恪自認聰明絕頂，總是一意孤行。不過他的確也有兩把刷子，在面對山越及曹魏的攻略上都交出了亮眼的成績單，後來成為繼陸遜之後的孫吳首席大臣，在民間的聲望也很高。

尤其是征伐曹魏的成功，令諸葛恪整個人都膨脹了，他不顧所有人的勸說，再度集結大軍北上，想要獲取更大的勝利，結果輸得一場糊塗，不僅國力元氣大傷，引發民怨，又與朝中大臣的矛盾漸漸加深。

諸葛瑾的擔憂一語成讖，諸葛恪下場極為悽慘，被孫吳宗室孫峻設宴刺殺，棄屍荒野，家族也受到株連。

一觸即碎之偉器

另一個有名的神童，便是大名鼎鼎的孔融。孔融是孔子的二十世孫，名符其實的「優良品種」。他的「孔融讓梨」以及「小時了了，大未必佳」故事，想必大家都已經耳熟能詳。

玻璃心。

雖說孔融的家世尊爵不凡，但父親在他十三歲時就已去世，孔融的成就主要還是奠基於他的天分與努力。《後漢書・鄭孔荀列傳》記述孔融「幼有異才」、「性好學，博涉多該覽」，因此他早在十六、七歲的時候，就已經名揚天下。

孔融起初在三公之一的司徒楊賜底下任事，仕途有個好的開始。當時宦官把持著朝廷，他們的親族憑藉關係得以獲得一官半職，魚肉百姓之事層出不窮。孔融初生之犢不畏虎，時常彈劾告發這些貪官汙吏，且毫不畏懼。由此事可以了解，孔融極具正義感，並勇於對抗不公不義之事，是個性格剛強的人。

性格剛強倒還算是優點，最致命的是孔融有顆玻璃心，經不得別人怠慢，一觸即潰碎。有次新科大將軍何進走馬上任，司徒楊賜要孔融作為代表前往道賀，於是他喜孜孜地帶著自己的名片來到了大將軍府。

大概是中間聯繫上出了點紕漏，大將軍府的人拒絕讓孔融進入。通常遇到這樣的情況，一般人反應可能就是回去再作確認，不過孔融他——

當下辭職不幹。

孔融當場從大將軍府的人手中拿回名片，再到司徒府遞辭呈，頭也不回地離開了。

「你不想見到我，我還不想見到你咧！醜八怪！」孔融怒罵道。

孔融失控的舉動，讓何進頗為不滿，一度想找殺手將孔融給做了，周遭的人趕緊勸說何進打消念頭。

「這個孔文舉（孔融字）雖然狂妄，但他畢竟出身孔夫子世家，殺了他恐怕會影響社會觀感。大將軍不妨大方些，給他個官職安撫一下，也讓世人知道我大將軍的雍容大度。」何進的屬下如此說道。

何進心想也對，就把孔融調到中央擔任侍御史（主職彈劾的文官）。位子都還沒坐熱呢，孔融又和他的上司御史中丞吵架，一怒之下又辭職不幹了。

有一個孔融，他有一些任性，他還有一些囂張。

這次何進學乖了，耐著性子又把他勸回來，將孔融轉任虎賁中郎將（中央禁衛武官職）——一種「讓你舒舒服服坐辦公室你不要，那你就站衛哨吧」的概念。

不久朝廷開始動盪，大將軍何進被宦官所殺，董卓入主洛陽，成為新一代的權臣，並廢掉少帝劉辯，另立獻帝劉協。如此大逆不道的事孔融當然看不過眼，他在政治理念上可是光譜的極端、完全的忠漢，因此對董卓的作為非常厭惡，時常跟董卓大小聲。

「你是在大聲什麼啦！」董卓拍案罵道。

但董卓也一樣礙於孔融的身分，不好明刀明槍動他。董卓想了想，北海這個地方仍舊有黃巾餘部盤據，治安很亂，不如派孔融去那裡，來個借刀殺人。於是孔融又被外派擔任北海相。

輸到脫褲。

孔融一到北海，似乎是意氣風發，想要來個百日新政。他開始召集附近的壯丁組織守備隊，加緊訓練以整頓北海。此時有一支黃巾賊軍入侵北海，聲勢浩大。孔融收到風聲時也摩拳擦掌，準備大顯身手，雙方大戰一觸即發……

孔融輸到脫褲。

畢竟孔融文人出身，行軍打仗這檔事是趕鴨子上架，黃巾賊又人多勢眾，輸了是人之常情。孔融逃到一處叫朱虛縣（今山東臨朐）的鄉下地方，招攬難民大約四萬餘人。此時的孔融想必要重新振作，來個絕地大反攻吧！

不，他開始就地建城，設學校、講儒學、舉薦人才，完全無視眼前極度險惡的局面。

雖然推廣文教、提拔後進是好事一樁，但也要看一下狀況啊！果不其然孔融又被黃巾賊給包圍。這次可真的跑不掉了，緊急之下孔融只得向時任平原相的劉備求救，劉備趕緊帶了三千多人將黃巾賊驅逐。

已經吃過兩次虧的孔融，不但沒有學到教訓，反而整個人變得更加冥頑不靈。北海這個地方，當時正夾在統一河北的袁紹以及占據中原的曹操這兩大勢力之間，有個名叫左丞祖的部屬，勸誡孔融應該盡早決定要依附哪一個勢力，否則會陷入腹背受敵的危機。

從日後的發展趨勢來看，左丞祖的意見具有先見之明，但由於孔融本身是個忠漢的基本教義派以及玻璃心，在他眼裡不論是袁紹或者曹操，都有著圖謀大漢的野心，所以便發起飆，把左丞祖給殺了。

後來袁紹的長子袁譚，率兵攻打孔融。孔融孤立無援，城內只剩幾百名士兵，城外箭如雨下，殺得是天昏地暗。此時的孔融究竟會如何處理這些危機呢？

這活寶竟然躲在書房看書，還若無其事地跟身旁的幕僚閒話家常。

「此城眼看就快抵擋不住了！請大人盡速下達指示！」幕僚急得像熱鍋上的螞蟻。

「這事先擱著。你吃過飯了嗎？娶老婆了沒有？」孔融完全不想面對殘酷的現實。

當天晚上城池陷落，袁譚攻入城內，把孔融的妻兒都俘虜了。孔融本人則早就腳底抹油，不知跑哪兒去了。

此時曹操剛將流亡的獻帝劉協迎至許縣，而獻帝也不知道從哪個管道得知孔融的消息，將他請來許縣任職。雖然孔融是因為獻帝的意思而重返朝廷，但獻帝沒有實權，已經淪為看守皇帝，朝廷實質上被曹操所掌控。

繞了一大圈，孔融終究還是得依附在曹操底下，也就是說左丞祖是白白喪失了性命。

神童都聽不懂人話的嗎？

打「曹」悍將

獻帝非常尊重孔融，他幾次對於禮法的建議，朝廷都願意採納，總算讓這位孔子後人臉上有光，但他跟曹操就是不對盤。

孔融一方面認為曹操心懷不軌，另一方面覺得自己血統尊貴，你曹操不過是沒老二的太監領養後代，憑什麼在我之上。孔融因此就成為了朝廷有名的打曹悍將，無論曹操做什麼事情，不酸他個幾把便不暢快。

曹操打敗袁紹後，袁氏許多女眷遭到侵害，曹丕甚至還奪走袁熙的妻子甄氏，此事就被孔融拿出來作文章。

「聽說過去武王伐紂，將紂王的愛妃妲己賜給了周公。」孔融道。

曹操不解，反問道：「竟有此事？哪本經典上有這樣的記載？」

「看到現在發生的事，想當然耳過去也會發生。」孔融冷冷回道。

曹操聽完便感受到了孔融話中藏的酸意，這就是成語「想當然耳」的由來。

曹操之後進一步想要遠征北方的異族烏丸，孔融又有意見。

「過去北方異族不向周武王進貢，又在我大漢武帝時，搶了蘇武的牧羊。如今曹大人將北方邊疆搞得七葷八素，看來他們的罪從此一筆勾銷了呢！」孔融道。

又由於當時戰亂頻繁，糧食徵收有限，而釀酒會消耗大量穀物，於是曹操就下達禁酒令。孔融本身是愛酒之人，曹操禁酒讓他大為光火。

「當初夏桀、紂王就是因喜好女色而亡國，曹大人何不乾脆也禁婚算了！」孔融道。

孔融如此「發辭偏宕，多致乖忤」，曹操心中萬般不爽，念在孔融是名門之後，只能忍得一時算一時。饒是如此，孔融終究還是犯了兩項大忌，令曹操不得不痛下殺機。

必須死的理由

孔融雖然是玻璃心，又容易得罪人，但對於與他意氣相投的名士，倒是表現得非常寬容和善，而且他很樂意去提攜後進，即使孔融日後漸漸退居二線，他的府邸卻「賓客日盈其門」，且「海內英俊皆信服之」。

這個隱然成形的「孔融大聯盟」，讓曹操非常感冒，孔融既然有這麼強大的號召力，要是不去處理，恐怕會尾大不掉。更重要的是孔融對於曹操非常不信任，多次向朝廷建議，禁止分封朝廷周遭的地區，目的就是要增強朝廷的實力，此舉與曹操想削弱中央的目標相違背，而且這個輿論聲音越來越大，有成為主流的趨勢。

曹操明白孔融會壞了他的大事，只好冒著濫殺名士的罪名，羅列許多罪狀，要將孔融置於死地。

「曹大人為何要殺我？」孔融問道。

「因為你在擔任北海相期間，結黨立派，想自立為王！說什麼『我是至聖先師後代，未必天下都要給姓劉的』，其罪當誅！」曹操斥道。

「我當初是為了要擊退黃巾餘孽才集結難民。況且這大逆不道的話我從來沒說過啊！」孔融辯駁道。

「你還跟孫權的使者咬耳朵，毀謗朝廷的名聲！」曹操不理孔融的抗辯，繼續道。

「孫權使者在許都打個卡，我就禮貌按個讚而已。」孔融回道。

孔融大聯盟。

「你身為朝廷命官，不戴帽子、不扣風紀扣、襯衫不扎、皮鞋不擦，簡直沒把皇上放在眼裡！」曹操連獻帝都抬出來了。

「這……了不起禁假吧？」孔融越說越絕望。

「你不孝！說什麼『**父親怎能算親人呢？不就小頭不安分；母親怎能算親人呢？只是置物櫃暫放**[2]』。」

「我這是在反諷當今的世道，其實我的意思是……」

「還想狡辯！你還自稱什麼『**不死の孔仲尼～徵女友真心不騙**』，簡直敗壞你先祖的名聲！」

「……。」孔融無言以對。

就這樣被冠上了許多無厘頭的罪名，孔融下獄被殺，株連三族。

聰明反被聰明誤？

諸葛恪與孔融兩人皆出身名門望族，童年時便展現過人天賦，在眾人的掌聲中長大，成年之後也不負眾望，都有一番作為。

諸葛恪為人機智，又有軍事才能，日後更成為孫吳帝國的託孤重臣，如果好好做，搞不好能像他的叔叔一樣名留千古。可惜諸葛恪像是一意孤行的賭徒，頭幾把贏了不少，卻不知見好就收，直到最後一把輸個精光。

孔融若生在承平時期，一定能在學術文化上更有所發揮，或許能媲美他的老祖宗，成為一代儒學大師。孔融雖有這樣的學識，但缺少身處亂世的自覺，人在砧板上還鬼吼鬼叫，結果被曹操拿出來獻祭。

任他們多麼聰明絕頂，又怎能料到會有如此結局呢？

1. 《三國志．吳書．諸葛恪傳》裴注引《恪別傳》：「太子嘗嘲恪：『諸葛元遜可食馬矢。』恪曰：『願太子食雞卵。』權曰：『人令卿食馬矢，卿使人食雞卵，何也？』恪曰：『所出同耳。』權大笑。」

2. 《後漢書．鄭孔荀列傳》：「少府孔融，昔在北海，見王室不靜，而招合徒眾，欲規不軌，云：『我大聖之後，而見滅於宋，有天下者，何必卯金刀？』及與孫權使語，謗訕朝廷。又融為九列，不遵朝儀，禿巾微行，唐突宮掖。又前與白衣禰衡跌蕩於言，云：『父之於子，當有何親？論其本意，實為情欲發耳。子之於母，亦復奚為？譬如寄物缻中，出則離矣。』既而與衡更相贊揚。衡謂融曰：『仲尼不死。』融答曰：『顏回復生。』大逆不道，宜極重誅。」

義俠江湖任我行

由於眾多動漫電玩的形塑，即使沒看過《三國志》或《三國演義》的人，多少也知道太史慈是江東孫氏帳下的當家戰將，但只以這樣的層次去認識太史慈，未免有些可惜。

若說到三國之中「義」的代表人物，不管是誰第一個想到的大概都會是關羽吧！當然關羽為了忠於劉備，寧可冒極大風險離開曹營，成為後世美談，但關羽只能算是「忠義」，而完全徹底實踐「義」之真諦者，恐怕非太史慈莫屬了。

基於以上想法，這篇文章就此誕生。

西漢一代史家司馬遷所著述的《史記》當中，特別立了一篇〈游俠列傳〉，當中他對「俠」下了一個定義：「其言必信，其行必果，已諾必誠，不愛其軀，赴士之阨困。」「其言必信，其行必果，已諾必誠」這三件事，是對自己的要求，執行門檻不算太高；但要「不愛其軀，赴士之阨困」，這就違反人類天性了。「俠」是一種很純粹的理念，它不為特定對象服務，不管對象是帝王還是乞丐、是君子還是小人，只要對方遇上困難，都會毫不猶豫地伸出援手。

我們常說「行俠仗義」，太史慈就是這句話的最佳代言人。

不可能的任務

太史慈，字子義，《三國志．吳書．太史慈傳》對他的外表有具體的描述：「長七尺七寸，美鬚髯，猿臂善射，弦不虛發。」人高馬大是必備款，還留著性感的鬍子，尤其箭術又高明，頗有西漢名將李廣的風範。

太史慈出身自青州東萊郡（今山東煙臺、青島），除了精進武藝外，也不忘勤作學問，成年後留在東萊郡任職奏曹史，負責幫東萊太守擬公文。

當時黃巾之亂結束不久，各地仍有些餘波盪漾的動亂，青州又是黃巾亂事的主戰區之一，照理地方官員們應該要攜手合作，共同穩定青州的局勢。可是東萊太守與他的上級青州刺史，雙方竟搞起了職場鬥爭，兩邊在那你貪贓我枉法地互相告發，分別遣使上奏到國都洛陽。

當時漢朝中央有一項不成文的規定，對於這類地方之間的爭執，不管事實的真相孰是孰非，優先受理先送到洛陽的奏章，總之比誰先達陣就對了。

青州刺史畢竟反應還是比較快，待東萊太守收到情報時，刺史的奏章早已派送出去，正往洛陽途中了。東萊太守驚慌得六神無主，事到如今他也只能亡羊補牢，徵求願意趕往洛陽上奏的使者，當時年僅二十一歲的太史慈就這樣被「選」上了。我們可以想像，當下太史慈被「選」為使者的情境：

「子義不是奏曹史嗎？奏章誰寫的誰去啊！」

「子義平常都有鍛鍊身體，趁此機會累積些經驗，年輕人要多

性感的鬍子。

吃點苦。」

「現在真是一代不如一代，抗壓性這麼低。新進的不會主動一點嗎？」

太史慈可能就在這樣的「支持」與「鼓勵」下，帶著告發刺史的奏章，啟程出發前往洛陽。

玩命快遞

太史慈為了能超前青州刺史派出的使者，不惜「晨夜取道」，從東萊到洛陽的距離大約九百公里，這麼遠現代人開車都夠嗆了，何況當時太史慈最多只能快馬加鞭，途中還會有黃巾餘黨找碴的危險，這樁任務可真夠血汗兼沒人性。

好不容易來到洛陽，太史慈三步併兩步一路狂奔，來到了負責受理奏章的「公車門」前，發現門口停了一輛青州刺史的馬車。

「糟糕！還是來遲了一步！」太史慈內心頓時涼了半截。

千辛萬苦結果白忙一場，可想而知太史慈心情之低落，回到東萊說不定還要被刁難。一撇頭，突然發現有個人剛從車上出來，太史慈一眼就認出那人便是青州刺史的使者。

「太好了！似乎還有機會！」太史慈內心又沸騰了起來。

太史慈腦筋動得很快，不作多想便趕緊擋在那位使者的面前。

「你是哪個單位的？這裡禁止停車喔。」太史慈問道。

「吾乃堂堂青州刺史大人特派使者，你是什麼東西？」使者擺出一副權貴樣。

「我是你們家大人的朋友。」太史慈道。

「你認識刺史大人？」使者奇道。

「你們家大人是我的朋友。明白？明白？」太史慈表情淡定地反問道。

太史慈見使者被他唬得一愣一愣的，於是準備切入核心：「你跑來公車門做什麼的？」

「此次奉刺史大人之命，前來上呈糾舉東萊郡的奏章。」使者雖然搞不太清楚這名年輕人的來歷，但見他老神在在，似乎來頭不小，態度也變得恭敬。

「既然是送奏章，怎見你兩手空空的啊？」太史慈續問道。

「奏章放在車上。」使者回道。

「拿出來給我檢查。要是裡頭題字簽名有什麼錯漏，你擔得起嗎？」太史慈道。

使者見他用近乎命令的口吻，一時不知如何應對，心想這人大概是公車門的官吏吧！於是便從車上拿出奏章，交給了太史慈。奏章到了太史慈手上，**就像安真與瑞凡的感情一樣，回不去了。**太史慈從懷裡抽出匕首，將奏章破壞得體無完膚。

使者見狀嚇得臉都綠了，氣急敗壞地大喊：「你在幹什麼？來人啊！有個瘋子弄壞了我的奏章啊！」

偷天換日

太史慈也料到對方會有這樣的激烈反應，伸手將使者拉到馬車旁，以免驚動公車門的官吏。

「事到如今也不妨老實跟你說，我是東萊太守派來阻止你上奏的。」太史慈道。

「什麼？你……竟然敢騙我！」使者怒道。

「說話要憑良心，是你自己要把奏章拿給我看的。」太史慈徐徐道。

太史慈見使者欲待反駁，於是緊接著道：「你擅自將奏章交予他人，這已犯了重

英雄出少年。

罪；而我破壞奏章也同樣犯法，對吧？」

使者聽完呆住，只是點了點頭。

「我看這樣，反正公車門現在不知道有此份奏章，不如我們就棄官跑路，逃得多遠是多遠。」太史慈提議道。

「咦？不對啊！我是無法回去向刺史大人交代，你是奉命行事完成任務，你幹嘛要跑路？」使者聽出太史慈話中盲點，質問道。

「唉！不瞞你說，他們只要我確認奏章是否已送達公車門，但我卻做得太過分了，即使回去也是凶多吉少。」太史慈眉頭深鎖，嘆氣道。

「原來如此，看來你我**同是天涯淪落人，相逢何必曾相識**。」使者道。

「可不是嗎？事不宜遲，我們趕快離開這個是非之地吧！」太史慈道。

使者乘著馬車，與太史慈並行離開洛陽。使者看著窗外被車輪捲起的塵土，想著今後該何去何從。心中正感慨時，轉頭一看……

太史慈消失不見了！

使者馬上就會意過來，捶胸頓足道：「該死！我中計啦——！」

原來太史慈把使者騙離洛陽城之後，又偷偷地趕回公車門，將預備好的奏章提交上去。太史慈在極短時間內將劣勢扭轉，果然是英雄出少年。

聽媽媽的話

等到使者回去通報時，一切都太遲了。即使後來補遞奏章，朝廷也不予受理。這場地方之間的博弈由太守方勝出，太史慈卻也因此得罪了青州刺史。他知道自己回不去東萊，只得跑路到遼東邊境。

太史慈「使命必達」的精神，雖然沒能獲得應有的獎勵，但他的義舉卻傳遍了整個青州，受到時任北海相的孔融所注意。孔融雖然玻璃心，但對於有前途的年輕人，是從不吝於提攜鼓勵的。

當時太史慈的母親仍留在東萊，孔融或許是顧慮到青州刺史可能會找太史慈母親的麻煩，因此不時遣人送些禮盒慰問，此舉也帶有保護的意味。

太史慈在遼東足足待了六年，此時中原已進入了群雄割據的局面，青州也遭到黃巾餘部的大舉入侵。太史慈得知家鄉發生戰事，擔心母親的安危，加上時局動盪，沒人會再追究破壞奏章這種小事，於是太史慈又回到了東萊。

太史慈見到母親安然無恙，才剛要喘口大氣，母親便連珠炮似地向太史慈嘮叨個不停。

「阿慈，你快去幫忙孔大人，亂賊已經兵臨城下，北海隨時都會陷落。」太史慈母親道。

「娘親，孩兒才剛回到家啊！」太史慈難得回來卻馬上被老媽趕出門，心情十分複雜。

「雖然孔大人與你素不相識，但你不在時我受他許多照顧。如今他遇到困難，你應當湧泉以報。」太史慈母親語氣堅定。

太史慈還仍然搞不太清楚狀況，但礙於母命不得不從。**世上只有媽媽好，在這邊先預祝各位母親節快樂。**

即刻救援

雖然能理解太史慈母親欲報答孔融之恩的心情，但太史慈隻身

使命必達。

前去救援，又能做多少事呢？不過對太史慈而言，做就對了。

北海和東萊同屬青州，且相互鄰近，太史慈抵達孔融所防守的城池時，黃巾餘部才正準備圍城，戒備並不森嚴。太史慈趁著夜色摸黑走近城門，向門衛通報名號。

「你便是子義？果然聞名不如見面！」孔融喜道。

「為了報答孔大人照顧家母之恩，在下特來協助守城。他們現下圍城之勢未成，要是我們能趁此時出城突擊，或許還有勝算。」太史慈道。

「子義的心意我很感動，但那幫惡賊並不好惹。**子義的意見，會交由相關部會來進行討論**，現階段我想還是以堅守城池等待救援為主要方針。」孔融不認為多了一個太史慈，就能對戰局造成多大影響，於是打起了官腔。

孔融這麼一猶疑，便錯過了大好時機。黃巾餘黨的包圍越來越緊密，孔融遲遲等不到援救，城裡的情況越來越不樂觀。

「我聽聞同屬青州的平原相劉備，素以仁義自居，如果我們可以找個人出城求援，他定會發兵解救。至於要派誰擔任使者……」孔融說完，望著在座所有幕僚。

全場鴉雀無聲。

孔融嘆了口氣，接著道：「我明白這個任務是九死一生，沒人願意我也可以理解。不過要是就這樣拖著，恐怕我們所有人，將是十死無生啊！」語畢，孔融的眼神直盯著太史慈不放。

太史慈被看得渾身都不對勁，只得說道：「在下願意……」話都還沒說完，孔融趕緊握住太史慈的手，道：「子義願意承擔如此重任嗎？」

「家母為了報答孔大人的恩情，才囑咐在下前來。既然人在此城，就必定要對孔大人有所助益。事態緊急，就讓在下試試吧！」可以想像太史慈在說這句話的同時，表情有多麼不自然。

神鬼交鋒

隔天太史慈吃了一頓豐盛的早餐，全副武裝騎上馬匹。他手拿大弓，馬上掛著裝滿弓箭的皮袋，身邊跟著兩名精挑細選的騎士，並各持一支標靶。

經過一夜的思考，太史慈似乎胸有成竹。

清晨城門打開，太史慈帶著兩騎奔出。此舉驚動了仍在睡夢中的黃巾餘黨，立即衝出營帳一擁而上。

太史慈來到城外壕溝，隨即指示身邊兩騎將標靶插入地面。太史慈跑遠後，再迅速射出兩箭，兩箭皆正中紅心，隨即又率領兩騎，策馬返回城內。黃巾餘黨見到此景皆十分茫然，不知道這三名騎士在玩什麼花招。

又過了一天，第二天清晨太史慈又做同樣的事情：帶兩人出城、立靶、射箭、返城。這次雖然也造成黃巾餘黨一陣騷動，但沒有第一次那樣激烈的反應。

「大概是無計可施了，所以才這樣虛張聲勢吧！」圍城的黃巾餘黨如此想著。

到了第三天清晨，太史慈再度出城做同樣的舉動，這次黃巾餘黨連看都懶得看了，繼續睡他們的回籠覺。正當兩名騎士返回城裡後，太史慈突然掉轉馬頭，快馬加鞭衝出了黃巾餘黨的包圍。

「糟糕！他要出城找救兵了！快將他攔住！」黃巾餘黨此時才發現上當了，趕緊抄起武器上馬追趕。太史慈正是要藉由重複數次毫無意義的行為，降低對方的警覺，策略果然一舉奏效。

黃巾餘黨逐漸逼近太史慈，太史慈回頭拉弓，一箭便將距離自己最近的賊兵射殺。隨即一箭一個、應弦而倒，到最後已經沒有一個人敢再靠近太史慈了，只能眼巴巴望著他逐漸消失在地平線。

太史慈順利來到平原（今山東平原），並見到了劉備。當時的劉備正與公孫瓚合力

俠義。

壓制日益壯大的袁紹，並且取得了不錯的戰果，劉備底下的軍隊雖僅數千人，但戰鬥力不容小覷。

「劉大人，在下不過是東萊一介鄉巴佬，與孔大人非親非故，不過因為恩義而惺惺相惜。現在孔大人遭到黃巾賊圍困，可說是命在旦夕。」太史慈道。

「原來情況如此危急。」劉備訝然道。

「聽聞劉大人素以仁義為先，希望能伸出援手，拯救孔大人及數萬將士百姓於水火之中。這也是在下冒死突出重圍與您見面的原因。」太史慈道。

劉備見太史慈風塵僕僕、狀甚狼狽，他深吸了一口氣，緩緩道：「沒想到孔大人還知道有我劉備這號人物，看來我不幫這個忙是不行了！」

當場劉備發兵三千，親自領軍援救孔融。劉備以討伐黃巾賊起家，對其習性自是十分熟稔，即使包圍孔融的黃巾餘黨人數眾多，但在他的調度下，仍然順利地將其擊退。

劉備與太史慈進入城內，脫困的孔融喜不自勝，當眾指著太史慈說道：「從今以後，子義便是我孔融的好兄弟，以後他的事就是我的事！」

太史慈連番搏命演出，向世人證實了他優異的才能。當下的他無論要投靠孔融，或是日後接掌徐州的劉備，都非難事。不過太史慈歸心似箭，再多功名利祿也比不上母親的懷抱。

頂尖對決

千辛萬苦總算回到家，但宅男當久又開始靜極思動了。太史慈聽聞過去一個同鄉舊識叫劉繇的最近升任為揚州牧，他倒也不是抱著攀權附貴的心思，只是自遼東歸來後，便一直沒與劉繇見面，於是動起拜訪這位老鄉的念頭。

劉繇，字正禮，家系可推溯至漢高祖劉邦的庶長子劉肥，世代皆封爵於青州。家族中有人曾擔任三公之一的太尉，其兄長劉岱曾是兗州刺史，算是混得不錯的漢室宗親，比起家道中落的劉備好上何止數倍。

當時揚州的局勢也不平靜，長江以北的精華地帶被「四世三公」的諸侯袁術所占據，劉繇只得暫居長江以南的曲阿（今江蘇丹陽）。太史慈渡過長江來到曲阿，見到劉繇自然不免一番敘舊。就在此時，袁術派遣了麾下的年輕將領孫策，準備攻打曲阿。

當時有人曾經提議要太史慈領兵抵禦，但被劉繇回絕。劉繇說道：**「要是我讓子義來打仗，恐怕會給針貶時事的名嘴笑話呢！」**[1]

夢幻明星隊。

劉繇這句話，被《三國演義》詮釋為劉繇輕視太史慈過於年輕，無法擔當重任。歷史上的劉繇與太史慈並無實質的從屬關係，且《三國志》所記載的劉繇，極具正義感又重視品德。若理解成劉繇不願讓太史慈淌這灘渾水，或許比較合情合理。

雖然太史慈沒有為劉繇統兵作戰的責任，但仍協助巡邏偵查之類的勤務。沒想到劉繇的一番好意，反倒讓太史慈惹上了麻煩。

太史慈在獨自偵查敵情時，陰錯陽差遇上了孫策。如果只是孫策那也罷了，好死不死孫策身後跟了一群保鑣，個個滿臉橫肉、目露凶光，而且當中有不少都是日後孫吳的大將級人物，縱使太史慈武藝再精湛，也難以對抗眼前這支夢幻明星隊[2]。

「不是冤家不聚頭，這次劫數難逃。」太史慈心中叫苦著。

「吾乃大漢殄寇將軍孫策，你是劉正禮的手下嗎？」孫策厲聲問道。

「在下東萊太史慈，乃劉正禮故舊。」太史慈不屑說謊，朗聲回道。

「原來是太史子義，我聽說過閣下在北海的事跡。」孫策道。

「閒話休提！有種就出來與我單挑，不要以多欺少！」太史慈吼道。

「你以為你打得贏我？」孫策冷笑道。

太史慈不等他說完，一馬當先衝向前去，與孫策纏鬥了起來。

《三國志・太史慈傳》所記載的這場對決較為簡略，但大致上與《三國演義》的描述相同，而這場搏鬥也是三國故事中最讓人津津樂道的經典橋段之一。太史慈與孫策戰得難分難解，最後在雙方都帶著大批人馬到場後，才將兩人分開。這一次的擦槍走火，讓這兩人對彼此都留下了深刻的印象。

劉繇之前隔著長江，對付袁術還能打個五五波，但他的時運不濟，遇上了難得一見的奇才孫策。在孫策的強烈攻勢下，劉繇只得撤退到內陸的豫章，太史慈則留在前線招納山越壯丁，與孫策繼續周旋，公親變成了事主。

雖然太史慈武藝與孫策不相上下，但是孫策統兵作戰的經驗卻遠比太史慈豐富，兩軍交戰孫策大勝，還將太史慈給捉住了。

孫策親自將太史慈鬆綁，並問道：「要是當時那場打鬥你贏了，你會如何處置我？」

太史慈想了一想，隨即回道：「我也不知道。」

孫策聽完哈哈大笑，說道：「從今以後，咱們一起打天下吧！」

也許是在那個瞬間，兩人頻率達到同步。就這樣，太史慈加入了孫策陣營。

一起打天下。

義「海」雄風

有人認為太史慈轉投孫策，對劉繇似乎有些不夠意思。其實仔細想想，太史慈與劉繇並非主從關係，充其量是同鄉之誼，能幾乎捨命相助已是仁至義盡，他根本不欠劉繇什麼。更何況太史慈自始至終，都不曾與劉繇兵戎相見。

不久後劉繇在豫章病逝，太史慈自告奮勇前往勸說，成功將頓失依靠的劉繇餘部納入孫策勢力。孫策在揚州日益壯大，於是脫離了袁術自立，奠定了孫吳政權的基礎。

太史慈在孫策底下，主要負責鞏固揚州南方。他駐紮在豫章鄰近的海昏（今江西南昌），與荊州的劉表勢力抗衡。荊州守將劉磐是劉表的姪子，十分驍勇善戰，但在太史慈的把關之下，劉磐多次攻打揚州均無法得逞，最終只好消極對峙，不敢再貿然進犯。

孫策英年早逝後，揚州進入了孫權時代。太史慈不僅仍深受孫權器重，就連遠在北方的曹操都對他很興趣，還託人送給他一盒當歸，希望他改投明主。

遺憾的是太史慈在四十一歲的時候病逝，正當盛年。太史慈在臨死前留下遺言：

「丈夫生世，當帶七尺之劍，以升天子之階。今所志未從，奈何而死乎！」

太史慈的一生幾乎是為了別人而活，貨真價實地走遍「大江南北」，卻始終沒什麼機會能做自己想做的事。他遺言當中的「以升天子之階」，透露出了他傾向於復興漢室的理念。如果上天願意給太史慈多些時間，在他目睹曹丕篡漢，劉備、孫權陸續稱帝之後，不知又會作何感想呢？

陳壽在《三國志》中，將太史慈與割據揚州的劉繇和稱霸交州（今兩廣及越南北部）的士燮合為一傳。陳壽會如此安排，是因為太史慈一度以個人名義與孫策對峙，所以把太史慈視作諸侯級別的人物，凌駕孫吳政權中所有的文臣武將。

南宋名臣洪邁，以博學聞名於世。他在晚年有一套著作《容齋隨筆》，內容是過去閱讀叢書的心得筆記。洪邁在讀到太史慈傳記時有感而發，寫下了這一段話：「三國當漢、魏之際，英雄虎爭，一時豪傑志義之士，礌礌落落，皆非後人所能冀，然太史慈者尤為可稱。」他認為漢末三國時期英雄豪傑輩出，都不是後世能夠比得上的。然而這群英雄豪傑當中，又以太史慈最值得讚賞。洪邁的評價，已經把太史慈放到「三國第一人」的崇高位置了。

太史慈純粹的「俠義」精神，不僅讓當世英雄感佩，亦讓後世崇敬。他那「我為人人」的無私品格，在爾虞我詐、爭權奪利的世道中，是極為難得的存在。

三國第一人。

1. 《三國志·吳書·太史慈傳》：「或勸繇可以慈為大將軍，繇曰：『我若用子義，許子將不當笑我邪？』」

2. 《三國志·吳書·太史慈傳》：「策從騎十三，皆韓當、宋謙、黃蓋輩也。」

孫策
太史慈
要是當時的戰鬥你打贏我的話，你會如何處置我呢？
……

當我沒問好了。
我們一起打天下吧厂厂。

孔明的生死決斷

要談三國歷史，實在很難不提蜀漢政權的靈魂人物諸葛亮。甚至誇張點說，沒有諸葛亮就沒有三國。

歷史上的諸葛亮，有別於《三國演義》中那無所不能的超級軍師，而是一個相當實事求是的政治家。正因為諸葛亮有著這樣的人格特質，他才能夠僅以一州之力，與強大的曹魏周旋。在他去世後，蜀漢國祚還能延續近三十年，多少拜諸葛亮的餘蔭所賜。

過去討論諸葛亮的文章非常多，要怎麼寫出新意是一大挑戰，這篇則以諸葛亮的法治思想為主，對於三國故事不甚熟悉的讀者，也能藉由這篇文章大致瀏覽諸葛亮在蜀漢主政時期的重要事件。

本文原先拆成兩篇發表，篇名為〈孔明的決斷：生死光影之間（劉備篇）〉及〈孔明的決斷：生死光影之間（劉禪篇）〉。

重度法律狂。

死刑的存廢，在現代社會一直都是熱門議題，而最近臺灣發生了不少重大治安事件，大家又開始激烈地討論著。

死刑的歷史深長久遠，可以大膽猜測自人類有了集體生活之後，死刑這檔事也就理所當然地出現。而泱泱中華的死刑發展更是創意無限，死法五花八門、令人嘆為觀止。

漢末三國時期，死刑的種類大致上承繼秦朝的制度，但比秦朝再精簡一些。除了一般常見的斬首之外，還有自裁、毒殺、絞殺、棄市、車裂等，花樣也不少了。

最嚴厲的刑罰為夷三族。玻璃心神童孔融的最終下場，就是被曹操給夷了三族。至於是夷哪三族，有幾種不同的說法，我們大概可以概括，就是當事者的父系、母系、妻系的親族，還有兒孫輩，都得一起組團去蘇州賣鹹鴨蛋。

除了上述，當然也有純粹屬於個人惡趣味的死刑，如董卓的烹煮及拷打致死。

不過對漢末三國的人來說，上述這些死法已經是人權一大進步；早在殷商時期，死刑可是把人當成料理，**「沾炒煮拌烤、樣樣難不倒」**，弄成肉醬（醢刑）、肉乾（脯刑）、ＢＢＱ（炮烙），只差沒有做成叉燒包。

雖然在這樣的時代背景下，死刑對於當時的執政者而言是理所當然的手段，但三國中的蜀漢政權，對於死刑的態度，則有不一樣的看法。

蜀漢在三國當中，是最少動用到死刑的。能有這樣劃時代的成就，絕大部分要歸功於國家總舵手諸葛亮。

這次想討論的，是諸葛亮在蜀漢政權基本建立（公元二一四年）開始，到他去世（公元二三四年）的這二十年時間，對於執行死刑的態度變化。

歷史上的諸葛亮，政治家形象遠大過於《三國演義》所賦予的軍師形象，而政治這塊領域中，諸葛亮又是少見的重度法律狂熱者，《三國志》關於諸葛亮的記載，時常看到他不斷強調法治的重要性。劉備入蜀後，也非常支持諸葛亮在法治上的改革。

執法要嚴格，國家才富強

劉備入主蜀地後，諸葛亮召集了荊州時期的伊籍，以及劉璋的舊部劉巴、法正、李嚴，五人共同研擬了「蜀科」，也就是蜀地基本法。「蜀科」的建立，對於劉備入主蜀地後的迅速穩定，有一定的幫助。

不過這套「蜀科」，頒布之初也發生過一些反彈聲浪。《三國志・蜀書・諸葛亮傳》引《蜀記》記載：「亮刑法峻急，刻剝百姓，自君子小人咸懷怨嘆。」

犯罪從重量刑、悠遊卡八折優惠取消、停車位全面收費，蜀地的官僚百姓都幹在心內。

對此，「蜀科」擬定的其中一個參與者法正，就向諸葛亮勸說道：

「以前漢高祖劉邦攻下咸陽時，只和百姓約法三章，百姓感念戴德；今天主公（指劉備）剛剛統治蜀地，對百姓而言還只是外來者，法律就訂得這麼嚴苛，還沒來得及讓百姓施政有感呢！希望諸葛大人可以效法漢高祖，執法上盡量寬鬆些。」

「孝直（法正字），我想是這樣啦，你的立意是對的，但是卻忽略了實際的狀況。」諸葛亮從容地駁斥法正的勸說。

「漢高祖會訂立寬鬆的約法三章，是因為秦朝暴虐無道，所以人民需要喘口氣；蜀地在前朝劉焉、劉璋父子因循苟且、得過且過的施政下，一堆官商勾結、政治酬庸，政令無法推行，執法無法確實，君臣分際都亂了套。」諸葛亮侃侃而談。

「OK，**我也不是說要清算前朝，我只是在解決問題**。今天給那些人更多的利益，總有一天會給到沒東西可給；當他們再也得不到好處的時候，還會理你嗎？這個國家就是因為這樣才淪落至此。所以現在我們要嚴格執法，酬庸行為也要加以限制，**該怎麼辦就怎麼辦**。」諸葛亮搔了搔頭，作出結論。

雖然諸葛亮的這番談話鏗鏘有聲，但並未被《三國志》的作者陳壽所採用，認為是道

施政有感。

聽塗說；而幫《三國志》作注的裴松之，還特地反駁此一史料，強化它的不可信程度[1]。

雖然陳壽和裴松之兩位大師都覺得此段史料不可信，但我認為這還是多少反映當時的氛圍。

諸葛亮批判前朝的施政，不是沒有道理。《三國志・蜀書・劉二牧傳》裴注引《英雄記》記載：「璋性寬柔，無威略，東州人侵暴舊民，璋不能禁，政令多闕，益州頗怨。」裡頭的「東州人」，指的是劉焉、劉璋父子執政時期，逃避戰亂、流入蜀地的移民。

那麼本土的蜀地人的情形呢？

《三國志・蜀書・董和傳》記載：「蜀土富實，時俗奢侈，貨殖之家，侯服玉食，婚姻葬送，傾家竭產。」

基於以上敘述，可以得出一個結論，就是蜀地人「過太爽」，尤其是那些有錢的商人。所以當新政府走馬上任，知道諸葛亮要跟他們玩真的，就開始毀謗他「刻剝百姓」了。

除此之外，勸說諸葛亮執法寬容的法正，自己就是一個不法分子。這一段對話也不無可能是法正為了自己的利益而提出的。

就在劉備入主蜀地的隔年，由於荊州問題，劉備與孫權的矛盾激化，於是劉備趕緊前往荊州公安（今湖北荊州），與孫權對峙。臨走前劉備特別命法正為蜀郡太守、揚武將軍。蜀郡是益州首府，蜀郡太守也就相當於首都執政官。

此時諸葛亮任軍師將軍，也兼任劉備的左將軍職務代理人（署左將軍府事），掌握軍權，論地位比法正略勝一籌；但法正是劉備眼前當紅炸子雞，又是劉備陣營的新任謀主，光芒畢露，不可與之爭鋒。

《三國志．蜀書．法正傳》記載法正「一餐之德，睚眥之怨，無不報復，擅殺毀傷己者數人」，換句話說，法正是一個恩怨分明的男人，可以想像法正會抿著嘴唇狠道：

「人若犯我，我必加倍奉還！」

好不容易有權有勢了，法正就開始私自處死那些跟他有過節的人，這明顯違反了諸葛亮確實執法的理念。

有人向諸葛亮舉報此事，但對此諸葛亮回應：「現在主公（劉備）正在荊州，忙於應付孫權，沒有心思照應蜀地情況，孝直又是主公如此器重賞識的人，我沒有辦法阻止孝直的作為。」諸葛亮看似消極的態度，遭到了不少的批評。

不過在我的理解，諸葛亮當時肯定非常無奈。蜀地才剛剛平定、荊州又出現紛爭，法正也很有兩把刷子，是劉備極為重視的謀臣。若真的要辦他，恐怕會引起一連串的動盪。諸葛亮作出睜隻眼閉隻眼的決定，恐怕他自己比誰都掙扎。

雖然諸葛亮與法正兩人在性格、施政理念上，也許各有各的看法，不過在大方向他們還是互相尊重、互相合作。就算法正私下想搞什麼事情，看在諸葛亮面子上想必也不會太過分。

愛開無聊玩笑的神算

法正是犯了法不能辦，還有一個案例是罪不致死卻被殺。

苦主名叫張裕，當時任劉備麾下的州後部司馬（幕僚性質的軍職），他還懂得觀星占卜，而且非常神準。

當時劉璋迎劉備入蜀，共同抵抗漢中的諸侯張魯。此舉招致劉璋不少幕僚反對，張裕也很可能是其中之一。某日劉璋大開宴席為劉備洗塵，劉備見到出席宴會的張裕鬍子很多，看起來有點滑稽，於是一時興起想嘲弄一番。

「以前我在老家涿縣（今河北涿州）的時候，周遭住了很多姓毛的人家，所以叫作『諸毛繞涿』。」劉備講完，還噗哧笑了出來。

「涿」音通「啄」，意思就是取笑張裕的鬍子很多，多到在嘴巴周圍繞了一圈。

另有一說「涿」的意思是指陰部，但我覺得劉備應該沒這麼低級。

張裕對劉備印象已經不是太好，又聽到劉備調侃了他很有自信的鬍子，於是也不甘示弱地回道：「以前有個人當了潞縣長，後來又調職當了涿縣令。他退休回鄉後，有人想寫信給他，不知道該寫哪個職稱才好，乾脆摻在一起寫成『潞涿君』。」

「潞涿」就是「露啄」，張裕反取笑劉備的鬍子很稀疏，嘴巴都露出來了。

唉，古人的幽默感實在很難理解，大家多擔待些。

劉備聽了十分不悅，看來他很在意自己沒什麼鬍子這件事。即使後來張裕也跟著其他人投降了劉備，但劉備一直對張裕沒什麼好感。

劉備暫時平息與孫權的荊州爭議後，回到蜀地，準備要揮軍北上攻打被曹操所占領的漢中。劉備轉戰天下二十多年，第一次能夠以旗鼓相當的實力，與宿敵曹操對決，當然是鬥志高昂。但張裕又不識相地給了劉備一記悶棍。

「近日臣夜觀天象，發現這次攻打漢中，恐怕會對我軍不利。」張裕說道。

劉備心想：「褲子都脫一半了你跟我講這個？」就沒理會張裕，照著既定計畫出兵。結果劉備是拿下漢中了，不過兩名大將吳蘭、雷銅卻在此戰身亡。劉備班師回朝，贏得有點悶。

要是事情就這麼完結，倒也沒什麼大礙。偏偏張裕又多嘴地跟別人嚼舌根，說道：

「其實那時候我沒有講清楚。我夜觀天象後還發現，庚子年時（公元二二〇年）劉家天下會換人做；而主公入主蜀地的九年後，會再次失去蜀地。」

結果人家大嘴巴，**流言傳來傳去，說不停不知道何時能平息**，傳到了劉備那兒去。劉備聽到這種話，當然又是氣到耳垂都在震動。

「張裕！上次我出兵漢中，你看那什麼鬼天象說對我軍會不利，現在你還敢詛咒我！來人，把這個胡說八道的大鬍子給押下去！」劉備怒道。

劉備把張裕關進牢裡，準備要殺了他。諸葛亮知道情況後，認為張裕雖然口無遮攔，但罪不致死，於是前去向劉備說情，看能不能網開一面，出手別那麼重。

「花長到自家大門口，礙手礙腳，不剷除是不行的。」

劉備冷峻地否決了諸葛亮的請求，張裕仍被斬首示眾。

法正濫殺和張裕被誅二事，可以判斷劉備時期的蜀漢政權整個法制體系尚未成熟，還是會因主事者好惡行事，諸葛亮對此也有心無力。

大嘴巴。

張裕
聽說鬍子稀疏的男人那方面也不太行……唉呀、我可不是在針對誰呢。
噗呵

劉備
（鬍子很稀疏）

這一切、都是為了大義呢。
絕對沒有私人仇恨因素夾雜在內。
孔明……判張裕死刑吧。
為……為何？
那傢伙……會阻礙我們蜀漢的前進啊。
看來他很討厭人家笑他的鬍子……？

政治新星因野心隕落

接下來的死刑案例，就看得出諸葛亮少見的黑暗面。這次的主角，是被龐統與法正共同認證的奇才彭羕。

彭羕跟張裕一樣，原先都是劉璋部屬。《三國志・蜀書・彭羕傳》描述他「身長八尺，容貌甚偉」，外表是位高俊帥；但是他卻「姿性驕傲，多所輕忽」，又是個仗著自己帥就瞧不起別人的咖（**幸好我不會**）。

也許是因為這樣，搞得大家都在劉璋面前詆毀他，人帥沒人緣嘛（**同感**）。於是劉璋就下令將彭羕頭髮剃光、脖子套上鐵圈，貶為奴隸。

在劉備來到蜀地時，彭羕知道扭轉命運的時刻到了，於是主動前去拜訪擔任劉備軍師的龐統。

當時龐統的住所內正有客人在，突然看到有個高高大大、戴著鐵頸圈的光頭佬走進來。

人即沒人緣。

「瘋〇麥斯？」龐統驚道。

「不是，在下彭羕，字永年。聽聞鳳雛先生在此處，特來拜訪。」彭羕道。

「想投靠我家主公是嗎？請先去領號碼牌好嗎？」龐統禮貌地下達逐客令。

「沒關係，我等你們談完。」彭羕自說自的，就往龐統的床榻上躺著。

龐統沒有動怒，反而覺得有趣，心想：「這人瘋瘋癲癲的，倒是挺合我的脾胃，姑且跟他談談也不壞。」

龐統請走了客人，也坐上了床榻，向彭羕道：「好了，你想跟我說什麼？」

「我肚子好餓喔，能不能先叫個外賣來吃啊？」彭羕問道。

「來人啊，把這個瘋〇麥斯給攆出去！」龐統回道。

折騰了一陣子，龐統竟與彭羕聊了一整晚。龐統十分欣賞彭羕的才華，恰好法正也聽聞過彭羕的事跡，於是兩人便聯名向劉備推薦。劉備見到彭羕亦讚譽有加。

劉備平定蜀地後，任命彭羕為治中從事。治中從事一職負責整個蜀地的人事任命與行政事務，職權頗大。在劉備心裡，已視彭羕為不可或缺的重要人才，可惜彭羕囂張的毛病非但改不了，而且還越來越離譜。

諸葛亮表面上禮敬彭羕，但內心覺得彭羕雖有才能卻太過狂妄，放縱他恐怕日後會出亂子，於是便私下跟劉備討論了此事。

劉備向來重視諸葛亮的意見，仔細想想覺得也對，便有意疏遠彭羕，將他下放到外地，遠離中央。

彭羕接到人事命令後，心中很不是滋味，於是找了當時剛投奔劉備不久的馬超訴苦。

「主公常說你的才能可以與龐統、法正相比，現在卻遭受到這樣的安排，心情不好也是正常的。」馬超安慰道。

「哼！這個傻逼老痞子，還有什麼好說的！」彭羕喝了點酒，趁著醉意開始數落劉備。又一杯黃湯下肚後，接著說道：「要是將軍您在外統領軍隊，加上我從中配合，憑我們兩人的才幹，奪得天下絕非難事！」

馬超聽到彭羕口出叛逆之言，嚇得連話都不敢回。心想：「老子才剛剛安頓下來，你講這些話豈不是挖洞給我跳嗎？」等彭羕離開之後，馬超趕緊向劉備如實報告，彭羕就這樣被捕下獄了。

彭羕酒醒之後，才發現自己一時氣憤、闖了大禍，於是寫了一封文情並茂的信向諸葛亮求情，不過諸葛亮並未理會。彭羕最終被處死，死時年紀才三十七歲。

挖洞給我跳。

是不是親生的有差

再來說到劉封。劉封本姓寇，是當時劉備寄寓荊州時所收的義子。數年後劉禪出生。雖然這並不影響劉備對於劉封的珍視，但義子的身分總是有些尷尬。

劉封成年之後「有武藝，氣力過人」，在劉備入蜀與劉璋交戰時，隨同諸葛亮、張飛、趙雲協助作戰，且「所在戰克」；之後劉封又與劉璋舊部孟達拿下上庸（今湖北竹山），是歷練豐富的一員勇將。

此時劉備已稱漢中王，之後孫權偷襲荊州，關羽急忙要求劉封和孟達前來救援，但遭拒絕。最後關羽為孫權所殺。

劉備得知關羽死訊後，悲痛萬分，打算追究劉封跟孟達的見死不救。孟達收到情報，知道自己大難臨頭，加上平時劉封又憑自己是劉備義子，對他態度也很差，無計可施之餘，只好帶兵投降曹魏。

之後孟達修書勸降劉封未果，竟領兵攻打上庸。結果劉封敗北。

這孟達大人可真機靈，風往哪吹就往哪兒倒啊！

劉封狼狽地逃回成都，向劉備請罪。劉備當面就開罵：

「為什麼雲長向你求援，你坐視不理？為什麼要你和子度（孟達字）好好合作、鎮守上庸，你卻仗著自己身分處處欺壓他？如今害得雲長戰死、子度降魏，上庸也丟了！」

劉封自知理虧，也不敢跟劉備多說什麼。

平心而論，即使劉封出兵救援了關羽，能夠發揮多大的作用呢？當時的荊州遭到曹、孫兩軍夾擊，單憑上庸的兵力，又能夠逆轉乾坤嗎？

其實劉備也知道，孫權突然發難，關羽的命運至此就已被決定了。只是盛怒之下，總想找人來當出氣口，發洩自己的情緒。劉備心裡未必真的要給劉封什麼嚴重的懲罰。

不過諸葛亮不這麼想，當時劉禪才十四歲，劉封已經三十出頭，風華正茂。劉備的位子會傳給劉禪，這是完全肯定的。但是劉禪當政之後，他有辦法控制得住這個「剛猛」的義兄嗎？

就算劉封沒有爭位之心，也難保底下有心人士不會蓄意操弄。河北霸主袁紹死後，底下就分裂成了長子袁譚派跟三子袁尚派；日後孫吳皇子之間的爭鬥，也影響了國運。

對諸葛亮而言，劉封曾經與他共同鎮守荊州，也一起出兵入蜀支援，相信兩人的交情不淺。但為了劉備政權的穩定、為了少主劉禪日後的統治，有些事情即使不願做，也得硬著頭皮幹。

諸葛亮勸劉備趁這個機會，將劉封除去。劉備萬分痛苦，卻也知道諸葛亮的用心，最終命劉封自盡。

彭羕年紀輕輕、身懷異才，若能活到蜀漢王朝建立，肯定會是國之棟樑；無奈他實在過於強勢，放他在身邊，就如同放了顆不定時炸彈一樣。劉封被賜死，也是同樣的道理。

諸葛亮在〈出師表〉提到：「先帝知臣謹慎，故臨崩寄臣以大事也。」他清楚自己的性格，不能容許有一點可能造成危險的因素存在，而這也是劉備會如此器重他的主要原因之一。

如果你是諸葛亮，面對彭羕與劉封的問題，你會怎麼處理？或許對諸葛亮而言，這是為了大義的必要之惡。

大鬍子張裕的預言果然神準，庚子年（公元二二〇年）曹丕篡漢；而漢中之戰的九年後，劉備在夷陵（今湖北宜昌）遭吳軍大敗，病逝白帝城。

劉禪繼位，諸葛亮一肩扛起整個蜀漢。當時情勢風雨飄搖、十

不定時炸彈。

分危急，但對諸葛亮而言，他終於可以毫無罣礙地，施行他的法治理念。

劉備真正的「仁義」

劉備自即位為漢中王後，走到了人生最高峰，可惜稍縱即逝，隔年（公元二二〇年）孫權襲擊荊州，關羽被殺，謀主法正也同時病逝，劉備的人生曲線開始階梯似下滑。

那一年也發生了曹操病逝、曹丕篡漢等大事。**如果當時有媒體，大概會SNG車跑個半死，名嘴也不愁沒話題聊，天天都頭條啊！**漢朝的滅亡，讓打著「復興漢室」旗號的劉備陣營頓失目標。此時他們強作精神，樂觀地想著：漢朝沒了，不如我們重造一個吧？

「什麼？要我當皇帝？我……我才不要呢！」劉備臉紅紅的，但藏不住笑意。

劉備於是傲嬌地稱帝，創建我們常講的「蜀漢」，諸葛亮擔任丞相，成為蜀漢最高行政首長。

其實「蜀」這個字是我們後人多加的，目的是為了區別劉邦的「西漢」和劉秀的「東漢」，當時他們還是稱自己「大漢」，或者是「季漢」。不承認其為漢朝正統的曹魏，則會蔑稱蜀漢為「蜀」。

劉備當了皇帝，一來可以沖沖喜、掃除蜀地低迷的頹氣，二來也有延續漢朝的重大使命。劉備心想，**把把都是你們說話，這回該我了吧！**於是開始著手準備攻打孫權，為關羽報仇雪恨、奪回荊州。

發兵前夕，張飛遇害，劉備又出師不利，被吳國陸遜打回白帝城，真是屋漏偏逢連夜雨、船遲又遇打頭風。

從風光當上漢中王到兵敗夷陵，才短短三年時間，蜀漢的氣勢急轉直下，期間不少人或叛或逃，但劉備從未追究他們的家屬，這在封建王朝時代，是很難能可貴的情操。

首先是前文提過的劉封、孟達。他們的兒子都仍繼續留在蜀漢任官，不受影響。雖然職務不大，但跟魏、吳兩國的處理方式比起來，簡直超級佛心。

還有南郡太守麋芳降吳一事，劉備不但沒有遷怒於他的哥哥麋竺，還安慰他「兄弟罪不相及」，而且待遇也跟過去相同。黃權不得已投降曹魏，有人向劉備建議將黃權的家人定罪，劉備回答：「孤負黃權，權不負孤也。」

諸葛亮在執法上面，與劉備倒是不謀而合，基本上只針對犯罪者本身，不會株連親族。無論是歷史的劉備，抑或是《三國演義》中的劉備，他們心中皆懷有仁義之心，只是角度不同。不過諸葛亮的本意是不殃及無辜，劉備就純粹只是講義氣。

《三國志．蜀書．先主傳》開宗明義記載劉備「不甚樂讀書，喜狗馬、音樂、美衣服」、「好交結豪俠，年少爭附之」，**全身穿潮牌、改車、泡夜店，一堆年輕人跟著他混**。出了社會之後，也意氣用事幹過不少衝動的行為，比如杖打督郵、義助孔融等。

江湖味濃厚的劉備與謹慎自制的諸葛亮，竟能成為中國歷史上難得的君臣拍檔，我想這就是所謂的互補吧！雖然個性、做事方法不盡相同，但是理念跟目標是契合的。劉備過去曾對關羽、張飛兩人說過：「孤之有孔明，猶魚之有水也。」可說是形容這對君臣拍檔的最佳註解。

接下來要談的是蜀漢政權對於「重刑犯」的執法態度。諸葛亮在劉禪「政事無鉅細，咸決於亮」的情況下，得以逐步架構他的理想國度。

超級佛心。

潑婦罵街的良才——廖立

夷陵之敗是壓垮劉備的最後一根稻草，劉備就在白帝城大病不起。病情拖了大半年，越來越不樂觀。於是召諸葛亮到白帝城，準備要囑託後事。

劉備將太子劉禪，以及整個蜀漢託付給諸葛亮後，便與世長辭。劉禪剛剛繼位，益州南方幾個郡就相繼叛變，諸葛亮要處理的，可說是四面楚歌的爛攤子。

諸葛亮已經夠頭疼了，此時又接獲舉報，指長水校尉廖立批評先帝、批評關羽、批評朝中上下諸多重臣，開地圖砲全罵就對了。

廖立不到三十歲就擔任長沙太守，諸葛亮曾說：「龐統、廖立，楚之良才，當贊興世業者也。」由此可知廖立的才幹可與龐統相比擬。但在孫權奇襲荊州時，廖立卻腳底抹油逃回蜀地。

本來廖立應該要被責罰的，但劉備賞識他的才能、不忍苛責，反而封他作巴西太守；劉備稱漢中王時，廖立擔任侍中，入主中央，政治前途一片看好，先前的小孬孬黑歷史，也就不再多提。

劉禪即位後，廖立馬上被貶為長水校尉。長水校尉在漢代是統領北方匈奴部隊的軍職，但是蜀漢位在西南，哪來的匈奴部隊啊？可以推論蜀漢的長水校尉就是個閒差，等同把廖立晾在角落，難怪廖立內心如此不平衡。

中間到底發生了什麼事，使得廖立從一個政治新星，變成可有可無的冗員呢？這從諸葛亮向劉禪上表彈劾廖立的文章可以略知一二。

諸葛亮先是責備廖立未戰先逃一事，又責備他在巴西太守任內做了些下流勾當，守劉備喪的期間還擅自殺人，從上述可以看出廖立私德不是太好；再來是廖立一直認為自己的才能僅次諸葛亮，但官職卻只是長水校尉，令他頗有怨言。

諸葛亮的想法是：你廖立過去已經有這麼多劣跡，只是先帝念在你有才幹，就當時運高看不到，現在新帝即位，還不知收斂，連賞識你的先帝都罵，那真的只好跟你算一次總帳。

當然現在愛怎麼罵執政者，是人民的自由；但在那個時候你罵皇帝，夷你三族都不會有人說什麼。不過劉禪仍下詔道：「廖立狂惑，朕不忍刑，亟徙不毛之地。」

廖立被貶為平民，全家被丟到汶山郡（郡治在今四川茂縣）這個地方種田維生。汶山在當時還是漢族跟氐族的交界地帶，簡單說就是把你放逐邊疆進行勞動改造。從廖立的例子可以看出，諸葛亮嚴厲歸嚴厲，但處死不會是他的手段。

讓孔明痛心的接班人——馬謖

諸葛亮支撐著搖搖欲墜的蜀漢，《三國演義》對此虛構了曹魏五路大軍攻蜀漢的戲碼，歷史沒那麼戲劇化，不過情勢一樣險峻。首先曹魏重臣紛紛來信給諸葛亮，要求蜀漢稱藩，當然是被諸葛亮嚴詞拒絕，還回罵一頓。你看，**咱們亮哥面對國家主權問題上多有guts**！

諸葛亮也趕緊派使者向孫權修好，蜀、吳兩國恢復邦交；至於國內南中地區出現的動亂，諸葛亮起初礙於國喪，只能暫且不理。醞釀了兩年時間生聚教訓，諸葛亮才親自領兵南下，僅花了半年便平定叛亂，南中征伐所獲得的戰利品，大大充實了國庫，蜀漢政局逐漸穩定。

之後諸葛亮又花了三年時間蓄積國力，寫了一篇**讓全臺灣學生背個半死的〈出師表〉**後，興兵北伐曹魏。

這次北伐有人出包了，不是別人，正是諸葛亮相當器重、寄予厚望的馬謖。《三國志．蜀書．馬良傳》描述他「才器過人，好論軍計」，在諸葛亮南征時向其建言「攻心為上，攻城為下」，諸葛亮採納並也發揮了巨大功效。後來諸葛亮北伐曹魏時，便命馬謖為參軍，時常與他通宵討論軍情。

諸葛亮與馬謖的關係既像兄弟，也像師徒，甚至可以說像父子。諸葛亮多少對馬謖存了私心，在戰況一切順利時，獨排眾議、拔擢馬謖來擔任防守街亭（今甘肅秦安）此一要地的重責大任。

馬謖直到街亭戰前，都沒有統兵作戰的經驗。當時的人都覺得諸葛亮的決策「怪怪的」。結果當然就是馬謖「違亮節度，舉動失宜」，被魏軍殺得大敗，諸葛亮的首次北伐前功盡棄。

馬謖失街亭，對諸葛亮而言絕對是極為沉重的打擊，不僅是北伐得重頭來過，重點在馬謖違背了諸葛亮再三耳提面命的指示，這讓極為重視紀律的諸葛亮感到心寒。最後諸葛亮決定「揮淚斬馬謖」，這故事大家想必都很熟悉了。但《三國志》對於馬謖被處死的記載，卻有三種說法，分別是：

(A)「下獄物故」，關在獄中死亡。

(B)「戮謖以謝眾」，將馬謖處刑，以示負責。

未知的謎團。

(C)「謖逃亡」，馬謖沒被處死，逃走了。

究竟哪個答案才是正確的呢？

決定好了嗎？

Final Answer?

Final Fantasy?

我要公布正確解答了喔！

答案是——我也不知道，送分。

先不要噓！也不要把書蓋上！聽我解釋！**做人要有「銅鋰鋅」，好嗎？**

雖然《三國志》對此事的記載看似互相矛盾，但稍微統整一下，還是解釋得通的。

很有可能是：將馬謖下獄↓然後馬謖逃亡被抓回來↓最後在獄中處刑。

可是《三國志・馬良傳》裴注引《襄陽記》，記載著馬謖當時在獄中寫信給諸葛亮道：「謖雖死無恨於黃壤也。」讓人感覺馬謖應該是從容就義了，怎麼還會做出逃亡這種沒格調的事呢？所以馬謖到底怎麼死的，或是他根本沒有死，這是一個未知的謎團。

諸葛亮為什麼可以饒廖立一命，反而自己的愛將馬謖卻要下令處死呢？主要還是因為馬謖犯的是軍法，沒有確實執行軍令，而導致全軍敗北，絕無轉圜餘地。最後要說的是諸葛亮一樣只針對犯罪者本身，不殃及家人，對馬謖的子女們依舊善待有加。

諸葛亮律己甚嚴，此次兵敗除了歸咎於馬謖失職，跟自己的私心影響決策也脫不了干係，於是他自請貶官，連降三級，直到後來北伐有所戰果，才又回任丞相。

有負先帝所託的棟樑——李嚴

除了廖立、馬謖的案例外，還有曾是劉璋舊部、與諸葛亮同為託孤大臣的李嚴。李嚴，字正方，出身荊州南陽。李嚴先在荊州牧劉表底下效力，是劉表想重點栽培的青年才俊。

曹操南下荊州後，李嚴轉投劉璋，劉璋直接提拔他當成都令；劉備執政時期，與諸葛亮共撰「蜀科」；之後又多次平定蜀地內的動亂，無論在民政還是軍事，皆有豐富的經驗。因此劉備駕崩後，李嚴「統內外軍事，留鎮永安」，握有軍事大權，在整個蜀漢當中，地位也僅次丞相諸葛亮。

諸葛亮曾稱讚李嚴做事明快，很少會有舉棋不定的情況，可見諸葛亮對李嚴的評價頗高。

腹中有鱗甲。

但是李嚴性格上也同樣有很大的毛病——恃才傲物；蜀漢大臣陳震曾經寫信給諸葛亮，向其提醒李嚴「腹中有鱗甲[2]」，意指李嚴這個人心術不正。

李嚴「腹中有鱗甲」，並不是說他有什麼謀逆之心，而是李嚴對於功名利祿太過重視，導致最後反被自己的權力欲給吞噬。

李嚴曾經向諸葛亮建議，從益州分出一部分，成立「巴州」，他想要擔任巴州刺史。這個建議沒有什麼實質意義，因為你怎麼分，蜀漢疆域還是這麼大，但李嚴就是想要當上巴州刺史，這樣就可以和兼任益州牧的諸葛亮平起平坐——說穿了就是貪圖這種頭銜的虛榮感。

「州」在三國時期，是最高級的行政區，相當於臺灣的「縣」或是「直轄市」。**蜀漢這麼小，有需要這麼多直轄市嗎？**諸葛亮當然不會答應。

後來魏國大軍來襲，諸葛亮準備出兵迎擊，於是請李嚴帶兵協防漢中，李嚴這時有意無意地向諸葛亮說道：

「丞相，協防漢中當然沒有問題，只是最近魏國的司馬懿有想挖角我啦！說是什麼要給我開府（擁有獨立行政系統的權力），感覺很有誠意，不過我怎麼可能會理他呢？開府有什麼了不起的？沒事沒事！」

諸葛亮一聽，當然知道李嚴的意思，但曹魏大軍越來越逼近，對於李嚴的軟性勒索只能讓步以避免延誤戰機。於是上表劉禪，升任李嚴為驃騎將軍（驃騎將軍掌有開府權力），又升李嚴的兒子李豐為江州都督，接任李嚴原先的職務。

不僅如此，隔年諸葛亮再度北伐之時，還讓李嚴「以中都護署府事」，職務等同於代理丞相了。李嚴簡單一句話，便能得到這麼大的回報，兒子也跟著升官，氣焰更熾。

當一個人最順風順水的時候，就是他最容易犯錯的時候。當時的李嚴負責調度北伐軍隊的後勤補給，碰巧天氣不佳、雨下個不停，糧草無法按時送到，李嚴只好送信要諸葛亮退兵。

此時李嚴不知道哪根筋不對，等諸葛亮回來後，開始擺爛裝死裝白痴。

「丞相，你怎麼回來了？不是聽說戰事一切順利嗎？」李嚴假裝訝異道。

「嗯？正方，是你說因為連日大雨，糧草運輸有困難，所以我才撤軍的啊！」諸葛亮納悶道。

「沒有啊！糧草運輸一切正常，沒有問題啊！這一定是有什麼

裝死裝白痴。

擺爛

誤會。」李嚴睜著水汪汪的雙眼無辜道。

李嚴莫名其妙睜眼說瞎話，還搶先上表到成都跟劉禪說：「丞相退兵是故意的，是戰略、是戰略啊！」

這麼容易被拆穿的謊言，李嚴為何要冒著風險，去欺騙丞相跟皇帝呢？如果我們往回看，其實能尋得些蛛絲馬跡。

諸葛亮鐵面無私的形象，已經深植於蜀漢人民的腦海中，他連最親密的子弟兵馬謖都沒情可講，何況其他人？李嚴負責後勤出現了延誤，即使是不可抗力的天氣因素，也不能改變其失職的事實。

前文也談到李嚴是功名心很高的人，當時他的地位僅次皇帝和丞相，諸葛亮不在整個蜀漢大臣他最大，他想緊緊抓著得來不易的地位、權力，不願意損失一分一毫。而他幻想著諸葛亮也許會再次讓步，讓這次的錯誤不了了之。

李嚴就像寓言〈太陽山〉的大哥一樣，只顧著拿山裡的黃金、忘記了時間，結果被太陽活活燒死。最後諸葛亮臉色鐵青地拿出書信對質，李嚴無話可說，只好認罪。

從《三國志．蜀書．李嚴傳》裴注引〈亮公文上尚書〉中的記載可以看出諸葛亮這次是玩真的，他慎重其事地使出了「聯名上表」這招，找了蜀漢上下超過二十二個文臣武將[3]，用很嚴厲的語氣斥責李嚴，要求劉禪將李嚴廢為平民。

過勞死。

「什麼是對的、什麼是錯的，難道你不知道嗎！」諸葛亮拍桌大罵。

後來李嚴被流放至位在成都北邊的梓潼郡（郡治在今四川綿陽），並免除一切官職。

諸葛亮雖然對李嚴重罰，但是同樣不牽連其家人，李豐後來當到太守，官職也不小。諸葛亮甚至還允許李嚴「奴婢賓客百數十人」，生活挺優渥的，與其說是免職，倒不如說是強制退休吧！

從廖立、馬謖、李嚴三個人的案件來看，可以歸納諸葛亮的執法原則，就是「該怎麼辦就怎麼辦」，你真的犯法了，管你是誰都不跟你客氣；但是最嚴厲的死刑，就用得非常保守，基本上諸葛亮執政期間，只有馬謖獲得這樣的「殊榮」。

諸葛亮在〈出師表〉提到：「宮中府中，俱為一體，陟罰臧否，不宜異同。」不管是皇帝朝廷體系的官員、還是丞相府體系的官員，賞罰一視同仁。

對於老百姓，諸葛亮是「科教嚴明，賞罰必信，無惡不懲，無善不顯」，所以「吏不容奸，人懷自厲，道不拾遺，強不侵弱，風化肅然。」

在諸葛亮的督導下，蜀漢軍隊「戎陣整齊，賞罰肅而號令明」，而且只要是有士兵犯了需要打二十大板以上的罪，諸葛亮都親自盯場，再次確認有沒有冤枉情事。

諸葛亮這樣確實的執法理念，給蜀漢的影響極其深遠，雖然搞到諸葛亮積勞成疾，最後是「鞠躬盡瘁，死而後已」。但往後蜀漢不論是誰掌政，都可以遵循諸葛亮所訂下的規範，讓國家順利運作。

丞相去世後的變化

可惜諸葛亮去世後，還是發生了一些遺憾的事情。蜀漢的頭號大將魏延和諸葛亮行政事務的左右手楊儀，兩個人長期不合，諸葛亮一死，魏延跟楊儀為了爭權就翻臉搞內鬨，最後楊儀獲勝，把魏延給夷三族。魏延成為整個蜀漢政權唯一被夷三族的人，完全糟蹋了諸葛亮的一番苦心。

然而囂張也沒落魄的久，楊儀以為自己會是下一任丞相，怎知新郎不是我，當了個閒閒沒事的中軍師。楊儀重演彭羕、廖立的歷史，心情不平衡亂講話，結果也被貶為平民，後來自殺。

之後還有一個判死刑的案例，當事人名叫劉琰。劉琰的妻子胡氏頗有姿色，在正月新年的時候，胡氏入宮向皇太后拜年。皇太后大概喜歡這個胡氏，所以留她下來，在宮中住了一個多月。

胡氏回到家中，馬上就被劉琰踹倒，還命五百個士兵手拿靴子，各賞她一巴掌。

「賤女人，為什麼這麼久才回來？妳是不是勾引皇上，跟皇上快活啦？」劉琰怒道。

「不是，琰哥，我發誓我絕對沒有！你要相信我，我是真心的！」胡氏哭喊。

「還狡辯！妳這婊子竟敢讓老子當烏龜，給我滾！」劉琰罵完，就把胡氏踢出家門。

胡氏像是中了「面目全非腳」，臉腫得跟豬頭似的，走在大街上一邊走一邊哭，越想越不甘心，於是告上朝廷。

劉禪無緣無故捲入一段不倫醜聞，怒不可抑，於是下令將劉琰「棄市」，拖到大街上斬了。劉琰也光榮成為了蜀漢政權唯一被「棄市」的大臣。這件事情的後遺症，就是從今以後，蜀漢官方嚴禁大臣的女眷入宮，免得引起不必要的誤會[4]。

罪不輕判，亦不輕饒

諸葛亮雖不輕易動用死刑，但他也不輕易「大赦」。諸葛亮認為「治世以大德，不以小惠」，要為了人民的共同利益來施政，而不是頻給小確幸的恩惠。大赦用太多，對於執法公正性有很大傷害。

諸葛亮在世時，大赦只用過兩次，一次是劉備登基，另一次是劉禪登基；諸葛亮死後，蜀漢大赦多達十二次，重刑犯關沒幾年就放出來，所以「自亮歿後，茲制漸虧」，蜀漢的國運也就江河日下了。

在諸葛亮的擘劃之下，蜀漢是三國之中吏治最為清明、軍隊素質最高、社會治安最好的政權。雖然蜀漢國力最弱、國祚最短，但這是先天不足之故，實乃非戰之罪。

若我們改用垂直的時間軸來看，中國歷朝所有在蜀地割據的政權，蜀漢維持最久，長達四十二年，若從劉備入蜀開始算起，那更是將近五十年。

雖然時空不同，但是諸葛亮那既嚴謹又寬容的執法理念，仍有值得我們學習與深思之處。「千古一相」的美譽，諸葛亮當之無愧。

千古一相。

1. 《三國志·蜀書·諸葛亮傳》裴注：「難曰：『案法正在劉主前死，今稱法正諫，則劉主在也。諸葛職為股肱，事歸元首，劉主之世，亮又未領益州，慶賞刑政不出於己。尋沖所述亮答，專自有其能，有違人臣自處之宜。以亮謙順之體，殆必不然。又云亮刑法峻急，刻剝百姓，未聞善政以刻剝為稱。』」

2. 《三國志·蜀書·陳震傳》：「諸葛亮與長史蔣琬、侍中董允書曰：『孝起（指陳震）前臨至吳，為吾說正方腹中有鱗甲，鄉黨以為不可近。吾以為鱗甲者但不當犯之耳，不圖復有蘇、張之事出於不意。可使孝起知之。』」

3. 據《三國志·蜀書·李嚴傳》裴注引〈亮公文上尚書〉所載，二十二人分別為劉琰、魏延、袁綝、吳懿、高翔、吳班、楊儀、鄧芝、劉巴、費禕、許允、丁咸、劉敏、姜維、上官雝、胡濟、閻晏、爨習、杜義、杜祺、盛勃、樊岐等人。

4. 《三國志·蜀書·劉琰傳》：「胡氏有美色，琰疑其與後主有私，呼卒五百撾胡，至於以履搏面，而後棄遣。胡具以告言琰，琰坐下獄。有司議曰：『卒非撾妻之人，面非受履之地。』琰竟棄市。自是大臣妻母朝慶遂絕。」

蜀漢 大赦一覽表

諸葛亮生前　總計2次---　劉備登基
劉禪登基

諸葛亮逝後　總計12次---　？

大概是這種狀況。
劉禪
心情不錯呢！……來大赦一下好了！
……好啊都給你大赦就飽啦
……

羅貫中

隱藏的世界

孩子未來第一選擇——
水鏡文教機構

香港漫畫家陳某先生在他的《火鳳燎原》中，創造出了名為「水鏡八奇」的最強軍師集團，「水鏡」便是指本篇的主角——司馬徽。水鏡八奇之中，實際上只有諸葛亮和龐統兩人，與司馬徽有明確的互動紀錄，目前除了一人尚未出現外，其餘五人當然是陳某先生為了故事張力所精心虛構。

歷史上的司馬徽沒有《火鳳燎原》所描述的那樣城府深沉，反而可以從真實的「水鏡門生」與司馬徽之間的交流，感受到滿滿的活力與希望。因此這篇文章的創作核心，我認為可以用「青春」二字來概括。

本文原先發表的篇名為〈孩子的第一選擇：水鏡補習班〉。

教育是國家的根本，拜國民義務教育所賜，現在的我們可以依循一定的管道求學。畢業後若想從事公職，可以經由國家考試或是參與選舉，基本上算是透明且制度化，也因為如此，使得教育之下人人平等。只要你肯努力，就連三級貧戶的孩子都有機會成為總統。

那麼在一千八百多年前的漢末三國時期，又有哪些方法可以求取知識，並且出人頭地呢？

「察舉制」的漏洞

漢朝主要是利用「察舉制」來選拔人才，地方長官負責挑選轄區內品德高尚、或是知書達禮的年輕人，送往皇宮進行第二輪的評鑑，通過之後再開始實習，等到有些經驗了，就可以派任官職，成為國家未來的棟樑。

起初察舉制的成效不錯，但這樣的人才挑選方式，很大部分決定於薦舉官員的主觀意識。加上朝中重臣以及地方大員，多少會與薦舉官員有些交情，不論是有心巴結或是

霸王之路。

畏於權勢，大家在檯面下玩起鞏固權力的小圈子遊戲，逐漸失去了設立察舉制的初衷。

你推薦我家人，我推薦你親戚，**老爸當將軍，兒子就當市長；老爸當立委，兒子也當立委……**咳、咳、咳！是不是覺得有些似曾相識呢？這樣的私相授受，造成了許多政治世家，像是汝南袁氏、潁川荀氏、河內司馬氏等。

本來這樣的缺陷，尚有朝廷以二度篩選來把關，但隨著漢末宦官亂政，搞得官位甚至可以用錢來買，因此這道防線也開始崩解。當時的有識之士對於這樣的現象，有著這樣一句順口溜：「舉秀才，不知書；察孝廉，父別居。寒素清白濁如泥，高第良將怯如雞。」

話是這樣說，世家子弟也未必就真的是酒囊飯袋。官三代的曹操，就是經由察舉制的推薦，入選為負責衛戍朝廷的郎官，從此展開他波瀾壯闊的霸王之路。其他許多活躍於漢末亂世的英雄豪傑們，很多也都是因察舉制而踏入仕途。從另一個角度來看，察舉制似乎也沒有爛到底。

有錢有勢的世家大族如此，若是沒有身家背景的老百姓，又有哪些管道得以投入官場呢？

好的老師帶你上官場

由於漢末淪為亂世，因此靠拳腳也能打天下。孫堅十七歲就因擊殺海盜而一舉成名，因為他的發跡，才讓孫策和孫權有機會創建孫吳，鼎足於神州。

但在刀光劍影下討生活並不容易，如果你天生愛好和平、見血就暈，那又當如何？**這位朋友不要擔心，你還可以參加補習班啊！拉五個人來試聽，報名費當場折兩千喔（面露和藹微笑）！**

從漢武帝獨尊儒術開始，漢朝在儒學的發展上便十分興盛，當時的學者們針對儒家經典進一步闡述與探討，這樣的學問便稱之為「經學」。到了漢末時期，不乏頗負盛名的經學家，像是集經學之大成的名儒鄭玄。既然頗負盛名，自然就會有許多莘莘學子前來登門求教。

這些經學家，就如同漢末三國版本的補教名師。學生若能得到老師的優質評價及推薦，就能夠建立起名聲，讓中央朝廷或地方諸侯垂青。這有點像現代升學或求職，只要手握名教授的推薦函，過程肯定是無往不利。

鄭玄的同門師兄弟，也是當代名儒的盧植，他就有兩名大名鼎鼎的學生，一個是割據幽州的「白馬將軍」公孫瓚，另外一個就是蜀漢的開國皇帝劉備。雖然這兩位是靠打仗起家，不過多少也能反映出當時的趨勢。何況盧植後來也在朝廷擔任要職，因此更具影響力。

鄭玄與盧植的主要活動區域都在北方，至於南方的名師代表，則有在注解儒家經典上與鄭玄齊名的宋忠，以及本篇的主角——「水鏡先生」司馬徽。

當時荊州在劉表的經營下，局勢逐漸穩定，加上劉表是文人出身，便開始「起立學校，博求儒術」，邀請北方的名士南下客居，從事經學研究，司馬徽也是其中之一。

金口一開，身價非凡

司馬徽是潁川人，他在被劉表延攬以前，就已經聞名於世了。不過真正讓他成名的並非經學研究，而是他在品評人物上極具權威性。

《三國志．蜀書．龐統傳》記載，司馬徽「清雅有知人鑑」，要是誰能得到他幾句讚賞，馬上身價大漲。當時有心想闖蕩一番事業的青年才俊，無不爭相拜託司馬徽賜言幾句。當時還是春風少年兒的龐統，因為看起來憨面憨面，並未受到太大注意。不願居於平凡的他，特地從荊州北上潁川，想請司馬徽給他一些指點。

龐統來到司馬徽的住處時，正看到司馬徽在樹上粗手粗腳地採集桑葉。龐統向司馬徽表明來意後，司馬徽仍繼續忙著採桑，只是叫龐統坐在樹下。兩人就以這樣的狀態開始交談，沒想到越談越投契，一直聊到天黑。

談了一整天，司馬徽感嘆龐統雖相貌平平，談吐卻不凡，於是他從樹上跳下來，大讚龐統為「南州士之冠冕」。這意味著司馬徽認可龐統在荊州的知識分子當中，算得上是數一數二的。

「欸？我剛剛在稱讚你，為何你的表情如此猙獰？」司馬徽見到龐統表情痛苦，疑惑道。

「頭抬了一整天，**現在脖子僵硬得像擦了印度神油一樣。**」龐統回道。

「怎麼印度神油是拿來擦脖子的嗎？」司馬徽問道。

「不然要擦哪？」龐統反問道。

龐統被司馬徽給予高度評價後，順勢躋身名士之列，兩人也變成了亦師亦友的關係。後來司馬徽客居在荊州襄陽時，與龐統的住處只隔著一條小溪，兩人有事沒事就會互相拜訪串門子，交情十分密切。

遠避塵世的「好好先生」

司馬徽受到劉表邀請來到荊州，卻一直還沒有機會親自照面。當時許多人都向劉表說道：「司馬德操（司馬徽字）是難得的奇士，現下無一官半職，不過是尚未遇到明主而已。」

劉表聽得此言，滿懷好奇地決定親自前往拜訪。在與司馬徽交談過後，劉表卻感到十分失望。

「你們都亂講！不過就是一個窮酸書生，肚子裡沒幾兩墨水，浪費我時間！」劉表怒道。劉表會有這樣的反應，可能是因為司馬徽很清楚劉表的性格多疑、見不得別人好。要是司馬徽過於招搖，名聲蓋過了劉表，劉表恐怕不會讓他好過。於是司馬徽刻意表現低調。

直擊、玄德盃特殊才藝競賽！

我當年在樹下和水鏡先生聊天時、
練成的絕技
龐統選手——！
救、救護車——

也正是因為這樣，司馬徽到了荊州之後，就漸漸不再去品評他人。如果還是有些人堅持要他說些什麼，司馬徽就會打哈哈胡混過去。

「水鏡先生，您覺得我這人怎麼樣？是不是百年難得一見的天才？」鄉民阿倫問道。

「很好很好。」司馬徽笑答。

「早安！水鏡先生。今天也起得這麼早啊？」村姑杜兒問候道。

「很好很好。」司馬徽笑答。

「水鏡先生，我兒子他昨晚……病死了！」荊州的阿嬤悲慟道。

「很好很好。」司馬徽如機器人般，又作同樣的回答。

司馬徽敷衍過頭的態度，連妻子也看不下去。她一邊安撫著哭得更傷心的阿嬤，一邊罵著司馬徽：「人家是因為看得起你，才找你訴苦。阿嬤家裡出事，你還說好！」

「很好很好。」司馬徽始終如一。

當晚司馬徽跪算盤，從此零用錢減半。這也就是我們常說「好好先生」的由來。[1]

好好好。

水鏡・鳳雛・臥龍

或許是因為龐統居中牽線，司馬徽也因此結識了龐統的從父，襄陽名士龐德公。

龐統當初就是因為龐德公的建議，才前往潁川拜訪司馬徽，可見龐德公早就聽聞過司馬徽，並且有著極為正面的評價。兩人碰面後果然一見如故，龐德公年紀比司馬徽大上十歲，因此司馬徽便將龐德公當作自己的兄長。

除此之外，「水鏡」這個名號，也是龐德公幫司馬徽取的。「水鏡」意思是水清如鏡，龐德公認為司馬徽在評論他人時，就好比照鏡子那樣的真實，強化了司馬徽在「知人鑑」的特質。

兩人的好交情從下面這則故事可見一斑：

一日司馬徽前去拜訪龐德公，正巧龐德公外出掃墓。司馬徽也不客氣，逕自走入大廳，向龐德公的妻子說道：「嫂子，煮飯，元直說等等有客人要來找我跟龐公談事情。」元直指的就是徐庶。

家就是我家。

龐德公的妻子竟也沒多說什麼，開始招呼家裡人打掃廳堂、進廚房開伙，大夥兒忙成一片。龐德公回到家後，發現家裡怎麼開起party來了，只見司馬徽坐在主位上大吃大喝，完全把這裡當作自己家一樣。

「龐公您回來啦！肚子餓不餓？要不要過來吃點東西？」司馬徽招呼道。

「……給我滾出去。」龐德公回道。

這種「你家就是我家」的高貴情操，可以看出司馬徽不拘小節的人格特質。

除了司馬徽之外，龐德公還幫他的姪兒龐統取了「鳳雛」的別號，意思是年幼的鳳凰，待其長成後將會翱翔於神州；當然還有一位躬耕於隆中，名叫諸葛亮的青年，龐德公稱其為「臥龍」。意思是沉睡中的龍，甦醒時天下將為之震動。

諸葛亮與司馬徽在歷史上沒有留下太多的互動紀錄，但卻和龐德公淵源甚深，諸葛亮拜訪龐德公時，都會行跪拜大禮，而對方也欣然接受。這可能是因為諸葛亮的姐姐嫁給了龐德公的兒子，諸葛亮對親家公盡些禮數也是應該的。

多虧龐德公的精心包裝，很大程度地影響了諸葛亮和龐統的人生，也讓司馬徽的名氣與日俱增，吸引了越來越多人前來求教。龐德公若是生在現代，肯定會是行銷大師，隻字片語便能達到極大的廣告效益。

你

這對龍鳳之後成為了劉備陣營的軍師雙璧。諸葛亮自不必多提，以蜀漢丞相的身分舉兵北伐曹魏、鞠躬盡瘁，而龐統則早在對蜀地的征伐中不幸身亡，年僅三十六歲。

若要說哪位最能得到「水鏡」真傳的，應屬與司馬徽親密無間的龐統了。《三國演義》中的龐統，形象樣貌醜陋，舉止不得體卻機智過人。而歷史上的龐統，則比較像司馬徽，以善於品評人物聞名。

龐統評論的方式，忠實效法司馬徽「好好先生」的精神，只說別人的優點，甚至會過於溢美。有人問他的用意為何，龐統是這樣回答的：「如今天下大亂，正道逐漸迷失，好人少了、惡人多了。」

龐統接著道：「我抱著提倡良好風氣的信念，多談別人的長處，令他們進而受到關注與仰慕，然後他們又會因受到鼓勵而自我砥礪。雖然不是個個都有成效，但只要有一半的機率，就能夠達到改變這個社會的效用，這樣做難道不好嗎？」

這樣崇高的理念，有點類似心理學所講的「期待效應」。只可惜上天沒能給龐統更多時間來實踐。

那些年他們「可能」師事過的水鏡先生

之後來到荊州遊學的年輕人越來越多，當中有不少人都在日後的三國時期占有一席之地。像是剛剛提到的徐庶，在《三國演義》中有著不輸臥龍、鳳雛的表現，在大眾心目中也是一位優秀的軍師，但歷史上的徐庶卻完全不是這麼回事。

徐庶跟司馬徽一樣出身自潁川，早年血氣方剛，一副小混混的模樣。有次他因替朋友報仇而犯了案遭到逮捕，本來逮捕他的官吏打算用刑拷問，後來因故僥倖逃過一劫。自此事之後，徐庶收斂了過去的流氓氣息，認真求取學問，生活變得節制有規律。

之後中原動亂，徐庶與同鄉友人石韜避居荊州，才與司馬徽和諸葛亮有了接觸。徐庶與諸葛亮的交情特別好，之後也曾短暫與諸葛亮共事劉備，但因為徐庶的母親遭到曹操俘虜，事母至孝的徐庶只得離開劉備，與石韜北上投靠曹操。

還有一位來自汝南的孟建，也與諸葛亮交好。他們四個人在閒暇時常相約一同出遊、聊天、唱歌，在荊州渡過了一段美好且充實的青春歲月。

水鏡補習班。

除此之外，還有一位崔州平，也是諸葛亮的好朋友。崔州平的來頭不小，他出身超級名門博陵崔氏，父親崔烈曾擔任過三公之一的太尉，哥哥崔鈞又是西河太守。他與徐庶都非常看重諸葛亮的才能，認為他將來必有一番作為。

嚴格說來，諸葛亮與司馬徽沒有正式的師生關係，但就後來司馬徽向劉備推薦諸葛亮與龐統的故事來看，彼此交流密切應是無庸置疑。而石韜、孟建、崔州平三人，也可能因為諸葛亮和徐庶的關係，而與司馬徽有所往來。基於以上推論，這群「諸葛亮與他的歡樂夥伴們」，都有可能都是「水鏡文教機構」的中堅分子。

徐庶與石韜後來在魏國的發展並不是太理想，已成為蜀漢丞相的諸葛亮，在北伐曹魏時得知他們的近況，不禁感嘆：「魏國人才濟濟啊！即使是元直跟廣元（石韜字），都難以獲得重用嗎？」

孟建後來也任職於曹魏，他的仕途就較為順遂，官至涼州刺史、征東將軍。諸葛亮甚至曾寫信給對手司馬懿，請他幫忙向這位老朋友問聲好。

至於崔州平，由於史料的缺乏，之後的事跡完全失傳。他所屬的博陵崔氏，家族從漢朝一路興旺到唐朝，在各個領域上能人輩出，但這是另外一個故事了。

教育之外的副業

「水鏡文教機構」大概沒收學費，因為許多關於司馬徽的相關記載，都是在他從事農務時發生的。

某次有個人養的豬走丟了，他見到司馬徽家裡養的豬，樣子很像是他的，於是便找司馬徽爭論，司馬徽也不辯解，就把那頭豬送給了他。過了幾天，那人找回了走失的豬，才發現原來是場誤會，趕緊將豬還給司馬徽，並跟他磕頭認錯。

結果司馬徽一點都不在意，反而還高興地跟那人道謝。

又有一次，劉表之子劉琮帶著隨從專程拜訪司馬徽。隨從見到門前院子有個邋遢的老漢正在揮汗鋤土，便向他問道：「請問水鏡先生在家嗎？」

「在下便是。」原來那老漢就是司馬徽。

隨從看司馬徽渾身髒兮兮，哪裡有名士的風範，於是罵道：「你這糟老頭竟敢胡說八道！你要是水鏡先生的話，那老子就是皇帝！」

司馬徽大概也覺得有些不好意思，趕緊進了屋內整理一下儀容，換套乾淨的衣服。待司馬徽出來之後，隨從才驚覺自己有眼不識泰山，又趕緊磕頭賠不是了。

從種種的逸事中可以得知，司馬徽實在是一個沒有架子的老好人。與《三國演義》那位高深莫測的世外高人迥然不同。

貨真價實的「水鏡四奇」

香港漫畫家陳某，在他的知名作品《火鳳燎原》當中，描述了一個能夠左右天下大勢的最強軍師集團——「水鏡八奇」。這八個人中除了諸葛亮與龐統之外，其他的不是虛構，便是在歷史上從未有和司馬徽實際接觸的記載。

前面也提過，以諸葛亮、龐統為首的那幫人，嚴格來講也不能算是司馬徽的學生。那麼究竟真實的歷史中，有誰可以真正大聲說出**「之前我在『水鏡』，現在我找到理想工作」**呢？

「水鏡文教機構」史有明載的學生，總共有四個人——向朗、劉廙、尹默，以及李

水鏡四奇。

仁，所以從歷史的角度看，只能說是「水鏡四奇」。

向朗本身是荊州襄陽人，所以他不僅在年輕時師事過司馬徽，與龐統、徐庶的關係都不錯。起初在劉表底下任職，後來轉投劉備，也隨同諸葛亮參與北伐。

向朗和馬謖交情深厚，馬謖因北伐失誤而被下令處死時，曾一度想要逃亡，向朗知道卻故意不上報。諸葛亮得知此事後，感到非常憤怒，便拔掉向朗的官位並遣回成都，不久後又調回朝廷。

雖然曾有過這種老友翻臉的憾事，但他的姪子向充在諸葛亮去世後，曾上表後主劉禪，希望能為其蓋廟祭祀。可見馬謖一事並未影響向朗與諸葛亮的情誼。向朗之後漸居二線，不再過問政事，並專注於經學研究，同時也開班授課，承繼著「水鏡文教機構」的教育志業。

劉廙同樣也是出身自荊州，而且還是漢室後裔，很小的時候就已是司馬徽的學生了。由於他的兄長被劉表處死，劉廙為了避禍而投奔曹操。後來在曹丕就任魏王時，劉廙頗受賞識及重用。

尹默與李仁是益州人，兩人結伴遠赴荊州遊學，不僅報名了「水鏡文教機構」，還另外加修了同為劉表所延請的大儒——宋忠的經學課程。兩人之後都在蜀漢任官。

尹默主要成就在於為《春秋左氏傳》重新注解，並成為這一方面的權威學者，曾為當時還是太子的劉禪授課。李仁的生平已經亡佚，反倒是他的兒子李譔，在《三國志》中有獨立的傳記。

李譔除了接受父親的教導外，也師事尹默學習經學，因此司馬徽算是他的師公。李譔涉獵甚廣，除了經學之外，舉凡數學、醫學、機械、軍武、占卜等學問都頗有心得，堪稱是全能才子。可惜他未能學到師公的為人處事，反而有些狂妄自大，因此當時人們對他的觀感不是太好。

從這四位「水鏡門生」的仕途可以發現，司馬徽的「水鏡文教機構」絕非軍師養成班，主要是培養儒家經學的學者型人才。

司馬徽終其一生，都未曾有官職在身，但他的學生、晚輩們都在三國時代大放異彩，並持續開枝散葉。或許司馬徽並未像孔子一樣，對於整個中華文化造成深遠的影響，但他所留下的，足以為那個風雲變幻的時代，增添耀眼的星光。

1. 徐子光《蒙求集注》：「後漢司馬徽，字德操，潁川人。口不談人之短。與人語，莫問好惡，皆言好。有鄉人問徽安否，答曰好。有人自陳子死，答曰大好。妻責之曰：『人以君有德，故相告，何忽聞人子死，便言好！』徽曰：『卿言亦大好。』」

遼東四君記

站在傳統的中原史觀角度來看，遼東公孫氏不過是偏安一隅的割據勢力，要與統治北方偌大領土的曹魏對抗，無異是螳臂擋車。但只要轉換視角，你就會發現遼東公孫氏對於當時生活在東北地區的部族或是政權，可是不容忽視的強大王國。

公孫氏歷經三世四代，用自己的方式走出一條生存之道，這難道不值得為其大書特書嗎？

一般主流所認知的三國時代，是以曹丕篡漢建魏開始，直至西晉司馬炎滅吳作為結束。不過這段期間，並不是一直都固定在曹、劉、孫寡占天下的狀態。

曹丕篡漢的隔年，孫權主動向曹魏稱藩，曹丕冊封其為吳王。此時孫權在技術層面上是從屬於曹魏的，是魏、漢兩國並立的局面。之後魏、吳反目，才又恢復成涇渭分明的三分天下。後期因蜀漢滅亡形成魏、吳乃至晉、吳對峙，這個自然不在話下。

有趣的是，在魏、吳反目到蜀漢滅亡的過程中，竟然一度冒出了第四國——「燕」。

燕國在歷史長河中僅泛起了小小漣漪，但他們的奮鬥歷程不應就此被遺忘，這將是一部蕩氣迴腸的驚世傳奇。

來自玄菟的少年

故事要從一個名為公孫延的男子說起。公孫延出身自漢朝的邊境遼東，他不知犯了何罪，不得不帶著妻小躲避官府，逃到更為偏遠的玄菟（郡治在今遼寧瀋陽）。公孫延在此安身立命，其子公孫豹也在玄菟官府謀得一份差使，一家子生計算是有了著落。

一日，玄菟太守公孫域注意到這個新來的小吏，見他氣宇軒昂，看了很是喜歡，便將公孫豹召來。

「你今年多大歲數啦？」公孫域問道。

「回大人，在下今年已屆十八。」公孫豹恭敬回道。

「十八……若豹兒沒死，年紀也和你差不多了。」公孫域喃喃說道。

公孫域又向少年問道：「你叫什麼名字？」

「屬下公孫豹。」少年回道。

公孫域聽得此言，不由得睜大雙眼，略顯激動道：「連名字都與我兒相同！難道上天憐我失孤，才有這般巧妙的安排？」

經此一會，公孫域將公孫豹視為己出，不僅給予最好的教育，連婚姻大事都為他安排好。

「豹兒，你也該是時候找個媳婦啦！我有個朋友的女兒待字閨中，與你很是相配。」公孫域說完，便把那女孩請了出來。

公孫豹看了女孩一眼，回道：「大人，可以不要嗎？」

「那怎麼行！成家後就不能再耍孩子心性啦！祝福你們百年好合、白頭偕老。」公孫域堅定道。

阿豹，我把你當自己的兒子般看待……
公孫瓚

你今後要好好對待你的媳婦呀。
我、我可還沒承認你是人家的夫君唷。

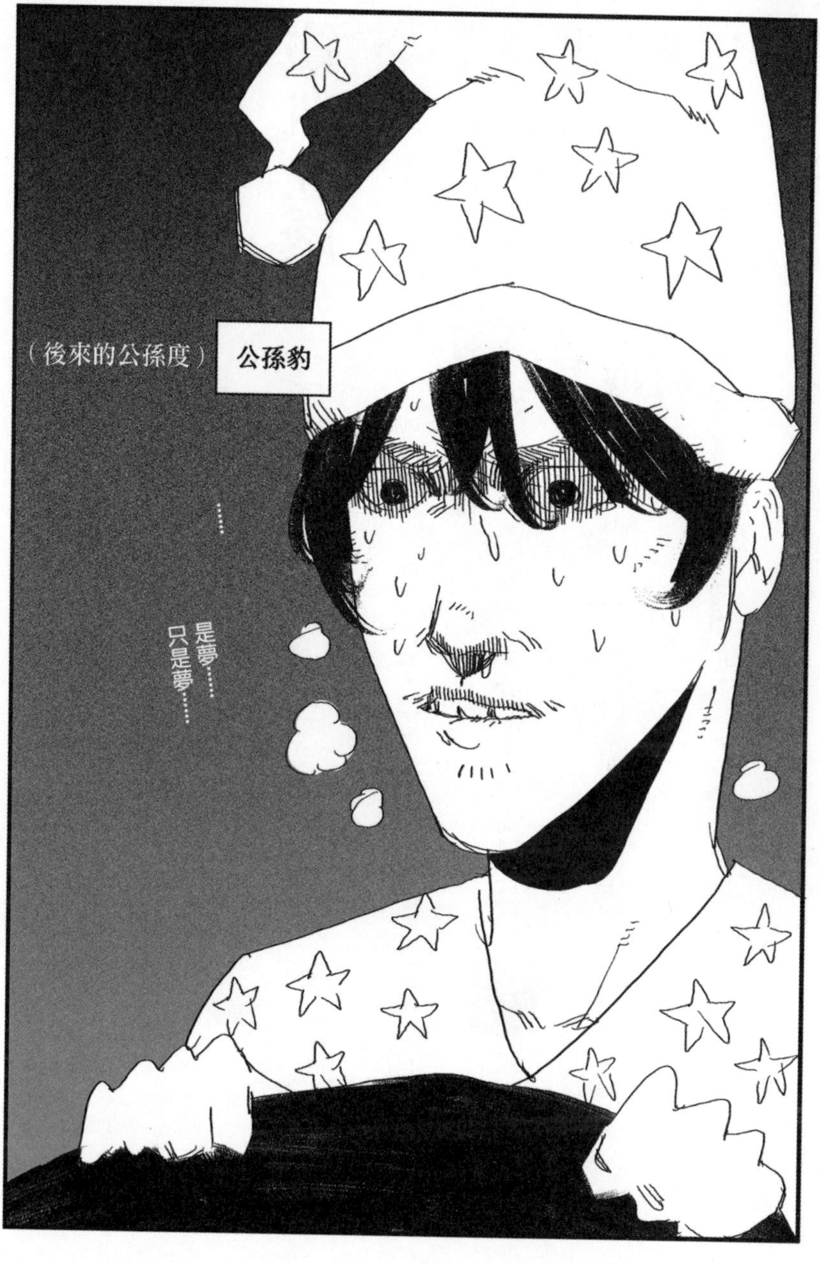
（後來的公孫度）
公孫豹
……
是夢……
只是夢……

公孫豹一向是個堅強的漢子，但此時此刻，他流下人生中的第一滴眼淚。

後來公孫玹動用朝廷的人脈，將公孫豹送往洛陽擔任尚書郎，使他有更好的發展。公孫豹雖有「乾爹」護航，仕途卻載浮載沉，在洛陽數年無人聞問。這時的公孫豹有了一個新名字——公孫度[1]。

鐵血立威

隨著黃巾之亂爆發後，宦官與外戚的對立加劇，朝中殺戮之事頻傳，爾後董卓帶兵進入洛陽，仗著皇帝年幼把持朝廷兵權。

當時董卓麾下的一名部將徐榮，正巧也是出身遼東。他見到公孫度在朝中鬱鬱寡歡，便打算要好好幫這老鄉一把。

「升濟（公孫度字），你年紀也不小了，不能當尚書郎當一輩子啊！之後有什麼打算啊？」徐榮一副遠房親戚的口吻。

「唉！朝中大臣欺我出身寒薄，全都沒把我放在眼裡，還能有什麼打算？」公孫度嘆道。

「我看這樣吧！我去幫你跟董相國說項。董相國只要金口一開，就連皇帝都不敢吭聲。」徐榮說到此處時，樣子意氣風發。

多虧徐榮多管閒事，不久公孫度升任為遼東太守。當年公孫度隨父親狼狽離開遼東，如今以太守身分重返故鄉，心境自然不同。可是他面對的不是夾道歡迎的鄉親，而是一群不懷好意的官員與豪族。

「哼！逃犯之子能當上太守，還不是靠關係！」「區區玄菟小吏，腰裡別著隻死耗子，充當打獵的。」公孫度尚未到任，諸如此類的批評已在遼東內部流傳。

其中一個名叫公孫昭的縣令，特別看公孫度不順眼。他為了要給新長官一個下馬威，強行徵召公孫度留在遼東的兒子公孫康加入軍隊。公孫度抵達遼東了解狀況後，將公孫昭請來會面。

「不知康兒哪裡得罪大人，竟勞駕大人要送犬子入營服役？」公孫度平心靜氣地問道。

「少來這套！我們不承認你這種下等人當太守。識相就滾出遼

第一滴眼淚。

東，否則你兒子在軍中發生了什麼事，我可不敢保證。」公孫昭怒道。

對於公孫昭的嗆聲，公孫度未多作理會，轉頭向一旁的幕僚問道：「公孫昭以下犯上，該如何處置？」

「回大人，在下以為應處以鞭笞之刑。」幕僚回道。

「很好。來人，將公孫昭拉出去處刑。」公孫度淡然道，無視公孫昭驚恐的神情。正當兵士將公孫昭架起時，公孫度接著說道：**「對了，打到他斷氣為止。」**

東夷共主

公孫昭的死只是開始，公孫度隨即下令捉拿專橫跋扈的豪族大姓，揭發他們魚肉鄉民的罪行，被牽連處死的人數以百計。公孫度的鐵血手腕，迅速將對他不利的流言蜚語一掃而空，整個遼東也在他的壓力下妥協屈從。

「董卓暴政，關東諸侯群起撻伐，這個世道君不君、臣不臣，漢室到此算是玩完了。」公孫度鬱積已久的不得志，似乎因反董聯盟的建立而獲得解放。

抓交替。

「天下有能者居之。王侯將相，寧有種乎？今後你們就跟著我，成就一番大事業！」公孫度道。

穩固遼東的統治後，公孫度的目光開始轉向東北地區及朝鮮半島。這片幅員遼闊的土地，居住著文化風俗與中原大異的族群——東夷。東夷只是一個概括稱呼，事實上裡頭有眾多勢力盤根錯節，並非鐵板一塊。

過去遼東時常遭受東夷侵擾，公孫度接手時已近乎「荒殘」。公孫度清楚光靠遼東，難以和中原群雄抗衡，因此他將心力投注在東夷問題上，不去理會中原的紛亂。

東夷當中的「夫餘」，是相對較為弱小的一支部族，他們的國王尉仇台需要與漢人聯合，又見到新任遼東太守威風凜凜、不可一世，雙方一拍即合。

「公孫大人，以後我們夫餘全體族人，就跟您混飯吃了。」尉仇台道。

「好！為了回饋你的善意，我決定將我們公孫家最——漂亮的女孩，許配給你。」公孫度說完，便把那女孩請了出來。

尉仇台看了女孩一眼，回道：「公孫大人，可以不要嗎？」

「那怎麼行！從今以後我們就是一家人了，祝福你們百年好合、白頭偕老。」公孫度抱著抓交替的心情道。

尉仇台一向是個堅強的漢子，但此時此刻，他流下人生中的第一滴眼淚。

天下當屬公孫氏

與夫餘聯姻後，公孫度又討伐另一支東夷部族「高句麗」。幾番用兵下，公孫度的東夷共主地位隱然成形，而他也開始不把搖搖欲墜的漢王朝放在眼裡。

「你們知道讖書有段記載寫著『孫登當為天子』嗎？」公孫度一時興起，又跟幕僚抬起槓。

幕僚互看一眼，知道主子又來了。

「這個『孫』是指我的姓『公孫』，而『登』又與我的字『升濟』相呼應。懂不懂什麼意思？我啊！天子啊！」公孫度說完，又不禁得意地笑。

除了「讖書天子說」外，遼東境內又傳出有巨石從「延里社」破土而出的奇聞，巨石之下還墊著三塊小石。當時這類景象稱作「冠石」，被認為是大吉之兆。「社」是用以祭祀土地的土丘，因此公孫度得知有此兆象後，更是喜出望外。

「冠石出現在『社』，表示徵兆與土地有關；名為延里，與我父親的名諱『延』字相對應。豈不暗示我公孫氏將得到天下嗎？」公孫度說道。

這類離奇的徵兆，也不排除是公孫度刻意的安排，並作出穿鑿附會的解釋，如此便能營造出「真命天子就是我」的輿論，好鋪排他的帝王之路。從此公孫度一切生活起居比照皇帝規格，勢力還跨海延伸到了位於山東半島上的青州。

曹操擁立獻帝劉協後，光中原戰事就已令他焦頭爛額，根本無暇顧及遼東，**既然鞭子揮不出去，那只好賞點甜頭了。**曹操上表請求皇帝，封公孫度為永寧鄉侯作為安撫，令公孫度至少在名義上能效忠朝廷。

當侯爵印綬送到公孫度手中時，公孫度對此嗤之以鼻。

「我已是實質的遼東之王，誰稀罕你這小小永寧鄉侯？」公孫度說完，立即吩咐旁人將印綬丟入庫房，連看都不想看。

「大家跟我一起呼口號！立足遼東，放眼神州！大聲一點！立足遼東，放眼神州！」公孫度與眾人激昂的聲音響徹雲霄。

立足遼東。

開山怪。

與奸雄共舞

縱然公孫度躊躇滿志，可惜生死有命，不久後他便與世長辭，統治遼東的時間不長不短，共十四年。公孫度去世後，將遼東的統治交給了當年被抓去當兵的兒子公孫康。與此同時，中原正逢天翻地覆的轉變。袁紹大熱倒灶，官渡一役敗給曹操，憤恨而逝；繼任的幼子袁尚也守不住大本營鄴城，只得往北逃竄投靠二哥袁熙。

公孫康和他父親一樣，都想取代漢朝、成為新一代的開山怪，可如今袁氏垮臺，曹操正逐步統一中原。公孫康明白若要實現這理想，就必須面對這位實力強大的漢朝代言人。

公孫康與曹操的首度交鋒，發生在公孫康執政的頭一年，公孫康將腦筋動到了烏丸部族上。

公孫度曾經與烏丸交過手，但烏丸並未因此服從遼東，而是靠向更為強大的袁紹。袁紹死後，烏丸頓時失了依靠。於是公孫康打造了一枚單于印綬並遣使派送，想利用人性的虛榮心理來拉攏烏丸。

這個道理曹操當然同樣想得到，他也派遣使者帶著單于印綬來到烏丸部落，兩方使者狹路相逢不免一番劍拔弩張。平平都是單于印綬，曹操給的可是官方認證、朝廷加持，相較之下公孫康的印綬根本就是夜市三件一九九的山寨版，烏丸首領當然投向曹操。公孫康在這場外交前哨戰中，吃了一記悶虧。

公孫康緊接著又收到了壞消息——青州的領土被曹操給拿下，這無異是對公孫康作出「想跟我曹操鬥？你省省吧！」的宣示。

正當公孫康苦思下步棋該怎麼走時，事態突然出現了變化。袁氏陣營發生部將叛變事件，袁尚和袁熙倉皇失措地投奔烏丸，烏丸首領也許念及舊情，又與袁氏聯手。這次曹操可不客氣了，親率大軍前往討伐。

後著一波接一波，曹操又派任一個名為涼茂的人就任樂浪太守。樂浪（郡治在今北韓平壤）屬於公孫康的勢力範圍，這個安排的挑釁意味非常濃厚。

公孫康不願一直被曹操吃豆腐，於是將涼茂軟禁於遼東，並遊說其為自己效力。涼茂過去在行政上聲譽卓著，是難得的人才，但公孫康費盡唇舌，仍無法動搖涼茂。公孫康心想這廝敬酒不吃吃罰酒，那就設一個局來嚇嚇他。他召集所有武官來到議事廳，並讓涼茂列席。

「聽聞曹操準備親率大軍追擊袁家兄弟，鄴城防務便會出現真空。若我們長驅直入襲擊鄴城，誰能抵擋得了？」公孫康向眾武官說道。

「當然沒有！遼東雄師，無人能敵！」眾武官像是排練已久似的，呼聲整齊一致。

「伯方（涼茂字）你怎麼看？」公孫康帶著不懷好意的笑容，盯著涼茂問道。

「在下人微言輕，若將軍想聽，也只好恭敬不如從命。」涼茂起身應道。

「願聞其詳。」公孫康道。

「現今天下大亂，朝廷殘破不堪，將軍手擁重兵卻隔岸觀火，這是身為漢臣該有的作為嗎？」涼茂起手式就先幫公孫康洗臉。

「曹大人憂國憂民，率領正義之師誅討逆賊，拯救陛下於危難之中，無論品格功績皆舉世無雙！目前戰事方結束，百姓也需要時間休養，曹大人才暫時不追究將軍的罪過。」涼茂語氣鏗鏘有力。

「將軍若執意襲擊鄴城，在下願以人格保證，就憑在場諸位的

無葬身之地。

能耐，絕對死無葬身之地！將軍若是不信，不妨親身證實一下。」

涼茂語畢，全場鴉雀無聲，公孫康的笑容也變得僵硬。

「死相！人家跟你說笑，你幹嘛那麼認真？嚇得人家小心肝噗通噗通跳的！」公孫康打哈哈胡混過去，眾武官也急忙一邊陪笑一邊擦著冷汗。

拜涼茂犀利的口才所賜，公孫康這下終於認清勝算渺茫。

袁公子獻頭

曹操擊潰了命運乖舛的袁氏、烏丸聯合軍，袁尚與袁熙連同烏丸領袖逃往遼東，尋求公孫康的庇護。

「二哥，遼東一向忌憚我袁家，我估計公孫康必定會親自迎接咱們。」袁尚說道。

「那又怎麼樣？」不久前老婆甄氏被搶，袁熙心情極差。

「公孫康一旦現身，咱倆兄弟就合力將他擒殺，奪取他的兵權。只要控制遼東，便還能夠與曹賊對抗。」袁尚相當滿意自己想到的計策。

「三弟聰明，這樣就不用看他臉色了！」袁熙雙眼發亮。

他們滿懷欣喜地進入遼東時，預先埋伏的人馬突然現身，將袁氏兄弟及烏丸領袖捆綁，並帶到公孫康的面前。

「你這是幹什麼！」袁尚急道。

「大家心照不宣。各位遠道而來，當然要提供些『特別服務』。」

公孫康話聲未落，袁尚等人全數已身首分離。

公孫康望著數顆死不瞑目的頭顱，說道：「你們的命攸關我公孫氏的存亡，要恨就去恨曹操吧！」

這些頭顱全都送到了曹操那兒。曹操見公孫康誠意十足，也認為需要有個能應付東夷又聽話的緩衝，所以就不再追究過去幾次的摩擦。這場雙雄之爭，表面上是曹操大獲全勝，但仔細算下來，會發現曹操根本沒占多少便宜。

公孫康清楚身為弱勢一方，必須策略彈性、手段柔軟，並在最小限度的損失之下保全基業。雖然以後得在曹操面前裝龜孫子，但他依舊在遼東當他的土皇帝。

子和土皇帝。

公孫康雖降，但降得極其值得、極其高明。

陰消之變

袁氏已滅，曹操統一北方大業已成，他將下一個目標指向南方的荊州。同一時間公孫康也沒閒著，他再度興兵討伐高句麗並以大勝作收；之後招撫流亡各地的漢人，攻打東夷的「韓」、「濊」兩個部族，繼續向朝鮮半島擴張。公孫康不以「東夷共主」為滿足，而是要成為「東夷霸主」。

無論是東夷共主抑或是東夷霸主，他究竟是人，人是無法逃過死神召喚的。公孫康也帶著與父親同樣的遺憾去世。由於公孫康的兒子年紀還小，為了降低統治風險，因此遼東眾臣共同推舉他的弟弟公孫恭接班。

公孫恭與他父兄南轅北轍，性格溫和，甚至可說是懦弱。或許正是因為他的懦弱，遼東過了一段無風無雨的太平日子。光陰荏苒，曹丕篡漢建魏後，派遣使者遠赴遼東，要求公孫恭送兒子到洛陽任官。這擺明就是充當人質，目的是間接脅迫對方效忠於己。

不能人道。

遼東公孫氏固然打遍東夷無敵手，但與擁有中原精華地帶的曹魏帝國相比，仍有一大段距離。基於現實的殘酷，公孫恭對這個有些欺負人的要求，也只能默默吞下，派出公孫康的長子公孫晃，隨使者回洛陽交差。

等等，不是說要公孫恭的兒子嗎？怎麼後來選了公孫晃呢？

說起來有些難以啟齒，公孫恭患有「陰消」的隱疾，也就是「那方面」無法抬頭挺胸。既然不能人道，當然也就沒有子嗣。不知是不是這樣的原因，公孫康的次子公孫淵一向瞧不起他。醞釀了數年，到了魏明帝曹叡在位時，公孫淵有了行動。

「眼看著魏國日益強大，難道遼東就只能這樣停滯不前嗎？我不相信這是遼東的宿命，如果換我當家，我一定帶領遼東逆勢翻轉！」公孫淵登高一呼，逼迫公孫恭下臺。

「淵兒你別激動，先喝杯水冷靜一下。」公孫恭有些驚慌失措。

「我們公孫家怎麼會出了像你這樣的廢物？**現在該是世代交替的時候了。**」公孫淵不客氣道。

「你怎麼這麼沒有禮貌呢？我是你的叔叔啊！」公孫恭道。

「我沒有你這種『沒擋頭』的叔叔，給我出去，我不想再看到你！」公孫淵態度強硬，絲毫沒有轉圜的餘地。

「嗚嗚嗚……**性無能不是罪啊！**」公孫恭被刺到痛處，哭著跑掉了。

公孫淵奪位後，便將公孫恭囚禁。此事很快就傳到了洛陽，曹叡雖對公孫淵的行為略感不快，但木已成舟，因此也就承認他在遼東的統治。

遼東迎向了不同於以往的新氣象。

外交的槓桿

公孫淵用強硬的手段來接掌遼東的統治，出現反對的聲音是自然的，可奇怪的是這聲音竟來自在洛陽當人質的公孫晃。

「舍弟做事瘋癲，若把遼東交給他，將來會有大麻煩的！懇請皇上下令征討，以絕後患！」公孫晃道。

曹叡並未重視公孫晃的建議，他正忙著應付蜀漢諸葛亮的北伐，實在沒有多餘力氣跟公孫淵計較。至於為什麼公孫晃要扯公孫淵的後腿，有可能是公孫晃太了解自己弟弟的個性了，他擔心公孫淵會將家族帶向毀滅。

公孫淵上任後，一改過去無所作為的方針，開放海路與孫吳進行貿易。孫吳早已經覬覦遼東許久，江南缺乏戰馬，若能從遼東進口良駒，便可大幅提升軍事力量。過去就曾多次嘗試拉攏公孫康，但都被打了回票。現在公孫淵主動示好，孫吳方面簡直求之不得。

隨著遼東與孫吳的交流日漸頻繁，關係也越來越親密，就不免引起了曹魏的猜忌。

曹叡見公孫淵跟孫權眉來眼去，感覺自己的頭都綠了起來，於是發兵攔截北上遼東的孫吳使節，魏、吳關係也變得更加雪上加霜。至於怎麼對付公孫淵，曹叡發表了一則「致全體遼東同胞」的文告：

「眾所周知，吳寇孫權是個王八蛋，竟想用萬惡的金錢來賄賂善良的遼東百姓，這種卑鄙無恥的做法，**連天公伯都不會原諒他！**也要鄭重提醒遼東的主事者，千萬要潔身自愛。先前種種朕就當沒看到，今後要好自為之。」文告的意思大致如此。

說穿了，曹叡就是拐個彎子警告公孫淵「I'm watching you」，而這正中公孫淵的下懷。

公孫淵處心積慮要掙脫曹魏的桎梏，完成父祖未竟的夢想。他把遼東打扮成性感冶豔的絕代佳人，令孫吳為其著迷、曹魏為其痴狂，他便能從中獲取最大利益。換句話說，此乃公孫淵版本的「美女連環計」。

公孫淵決定加碼挑戰曹魏的容忍度，向孫吳稱臣。

平白無故收到這份大禮，那可比從外套口袋找到兩百塊還高興。喜不自勝的孫權，準備了大量的金銀財寶作為餽贈，還不顧朝中大臣反對，組織龐大的使節團前往遼東，冊封公孫淵為燕王加九錫，這已是當時皇帝能給的最高禮遇。

孫權笑得很開心，可公孫淵笑得更開心。

孫吳的使節團抵達遼東之後，公孫淵便下令殺掉使節團代表，把所有金銀財寶據為己有，並將餘下的使節全數發配邊疆。使節團人數龐大，難免有漏網之魚，當逃出生天的使節回到孫吳時，孫權的反應不是震怒，而是非常震怒。

「朕活了六十年，什麼大風大浪沒見過？今天竟然會被一個遼東小子給騙了！不只殺了我的人，還搶了我的錢！不把他的頭剁下來拋到海裡餵鯊魚，朕還有臉當這個皇帝嗎？出兵、出兵、出兵啊！」孫權在大殿上發飆。

固然孫權發這麼大的火情有可原，但朝中大臣仍然群起反對，認為攻打遼東一事斷不可行。

第一，大批軍隊要航海遠渡遼東，若是出現海象惡劣的情形，恐怕仗都還沒打就全軍覆沒了。

第二，即使航程平順，也還得面對疾病的情形。在海上能取得的食物有限，營養攝取不均所造成的腳氣病、壞血症，都是損耗兵力的無形殺手。

第三，就算順利抵達遼東，孫吳軍隊要面對的是遼東嚴寒的天氣和訓練有素的騎兵，對方占盡地利，未開戰就先輸一截。

孫權冷靜下來後，也覺得剛剛是衝動了些。公孫淵就是仗著孫吳不能奈他何，才敢肆無忌憚。事到如今，孫權也只能隱忍下來，大家山水有相逢。

以退為進，捨王取公

公孫淵效法他的父親，將孫吳使節團代表的頭顱打包好，連同孫權所賜的燕王印綬、九錫等都送到洛陽，還上表曹叡，述說自己的心路歷程。

「天佑大魏啊！微臣此番費盡心力才取得孫權這老賊的信任，說要微臣當什麼燕王，又要給什麼九錫。微臣向來不慕名利，怎麼可能會接受這大逆不道的玩意呢？孫權送來的東西就這些，**什麼金銀財寶的從來沒見過！**」公孫淵強調過去跟孫吳的暗通款曲，都是忍辱負重的策略。

「孫權被臣擺道，一世英名毀於一旦。這讓陛下多有面子啊！這老頭現在一定怒火

玩陰的。

攻心，人一生氣就短命，若他就這麼氣死了，豈非大魏之福？」為了取得曹叡的諒解，公孫淵什麼鬼話都說得出口。

公孫淵向曹魏輸誠的舉動，除了解除曹魏對他的高度疑慮外，又能抬高自己的身價。他深知比起隔海之遙的孫吳，近在咫尺的曹魏更具威脅。曹叡當然也清楚公孫淵玩的把戲，可是人頭送來了、「贓物」也繳交了，不但不能怪罪，反而還得想該怎麼獎賞。

曹叡現在總算能明白公孫晃當初的憂慮。

孫權給的燕王加九錫，要曹叡比照辦理是不可能的。終曹魏一朝，只有皇族才能封王，其他封王案例，不是孫權這種根本已是皇帝層級的人物，便是外族領袖，此外就剩後期準備要篡位的司馬昭、司馬炎父子了。幾經衡量，曹叡決定冊封公孫淵為「樂浪公」。

即使是比王爵次一等的公爵，那也是曹叡破格的提拔了。外姓能當上曹魏公爵的，也不過四人。除了剛剛講的那對司馬父子曾擔任過「晉公」，一個是「山陽公」劉協，另一個是「安樂公」劉禪，他們上份工作都是漢朝末代皇帝。

屏除上述的特殊案例，曹叡對公孫淵的恩賞，可以說是給足面子了。

公孫淵將兩面手法玩得出神入化，賺得了大批錢財跟響亮的樂浪公，本應值得開香檳慶祝，他萬萬沒想到會因為一則未經證實的消息，使得局勢出現了巨大變數。

謠言壞了一鍋粥

在那個資訊流通不發達的時代，中央為了能有效掌握地方施政，發展了一套名為「上計」的制度。在每年年末，地方郡守會整理出一年來的行政成效，並指派官員前往朝廷匯報，而負責匯報的官員稱為「計吏」。

遼東雖然不受曹魏所控制，但在名義上與曹魏仍有君臣之分，派個人去充充場面還是要的。就在曹叡籌備冊封的相關事宜時，適逢公孫淵的計吏匯報結束，從洛陽返回遼東。

「目前洛陽狀況如何？」公孫淵向計吏問道。

「卑職聽聞魏國使節團的成員，幾乎都是武藝高強之士。大人千萬要小心提防！」計吏將他在洛陽聽到的傳聞，轉述給公孫淵。

「曹叡敢跟我玩陰的？**還好我俊俏又不失機靈**，早先一步掌握資訊。」公孫淵道。

公孫淵絕對不會束手就擒。

曹魏的冊封使節團抵達遼東後，迎接他們的是全副武裝的兵士。公孫淵一聲令下，兵士迅速擺出陣勢，將使節團包圍。使節們見狀完全不知所措。

「諸位不要害怕！這群兵士們訓練有素，不會咬垃圾的。」公孫淵看著使節團代表笑道。

「你看我幹嘛？你把我當垃圾啊！」使節團代表壯著膽子大聲道。

「不要誤會！我不是針對你。我是說在場的各位——都是垃圾。你們不是要冊封我為樂浪公嗎？快點進行吧！」公孫淵揮手催促道。

這樣的結果是曹叡刻意造成，又或是公孫淵作賊心虛，已經無從得知了。唯一能確定的是，公孫淵此舉形同與曹魏決裂。

自己的燕王自己封

使節返回洛陽後，向曹叡告發了公孫淵的無禮。曹叡有了討伐口實，於是欽點他在太子時期便熟識的年輕將領毌丘儉，率領軍隊出征遼東。進入遼東境內時，許多烏丸首領以及袁尚舊部，因為當年與公孫康的過節而投向魏軍。

尚未開戰，公孫淵便看似略居下風，但毌丘儉想不到，之後遼東竟下了十天大雨，導致河水氾濫，魏軍無法接近公孫淵的根據地，自家陣地還被水淹得一塌糊塗。毌丘儉眼見將士們個個模樣落魄、神情疲憊，無奈之下只得班師回朝。

擊敗曹魏！那可是過去三任統治者想做卻做不到的事，這對公孫淵而言，具有指標性的意義。或許是這樣的緣故，公孫淵乾脆宣布自立為燕王，並將年號定為帶有延續漢朝意味的「紹漢」。麾下的部屬雖極力阻止，但公孫淵像是中邪一樣，根本聽不進去，還將他們都殺了。

大張旗鼓地稱孤道寡，除了名號比較響亮外，對公孫淵沒有帶來太多好處，反而招來敵意。他本來已是遼東之王了，又何必多此一舉呢？考量現實的環境與條件，公孫淵這樣做其實並不適宜，甚至可以說有點愚蠢。

人是複雜的動物，做出的每項決策未必都經過深思熟慮，有時心血來潮就幹了，不需要什麼正當理由，公孫淵亦是如此。無論如何，三國時代的第四國「燕」，就此誕生。

毌丘儉灰頭土臉地回到洛陽，這令曹叡大為光火。他氣的不是被洪水逼退的毌丘儉，而是一紙以遼東眾臣為名義的上奏。內容簡單來說就是——**我們家公孫淵很乖的，一定是被人帶壞，希**

望陛下不要追究，但仍然要承認他燕王的身分喔！啾咪！

「公孫淵還敢睜眼說瞎話！這個妄稱燕王的跳樑小丑，是你逼朕出絕招的。」曹叡怒道。

最強之敵

隔年，曹叡再次出兵遼東，除了老班底毌丘儉以外，還大手筆派出戰力最堅強的中央禁衛軍；這樣還不夠，曹叡再親自下詔召回全國無人能出其右的王牌——司馬懿，來擔任遠征軍的主帥。

「仲達（司馬懿字）！幸好大魏有你！」曹叡與司馬懿擊掌道。

「陛下不要客氣。公孫淵最好是棄城逃走，他若想做無謂的抵抗，**臣必定將他搞得雞毛鴨血！**」司馬懿信心滿滿道。

「Very good！那麼你需要多少時間？」曹叡問道。

「去程一百天、攻城一百天、回程一百天，再留個六十天休息

王牌中的王牌

觀光買土產。明年春暖花開日，便是臣帶著公孫淵項上人頭回來之時。」司馬懿語畢，便瀟灑地離去。

「仲達好棒啊！」曹叡望著司馬懿的背影大聲喊道。

曹魏出動大軍的情報傳到遼東後，公孫淵得作出因應。

「連司馬懿都出馬了，曹叡這小子還真看得起我。司馬懿或許制得了諸葛亮，但可未必制得了我大燕。」公孫淵對於自己很有信心，否則他也不會「自己的燕王自己封」。

為了因應烏丸眾首領的倒戈，公孫淵選擇拉攏另外一支東胡部族「鮮卑」，用以騷擾曹魏邊境，同時有效地牽制烏丸。

但他心裡還是有些不踏實。

不踏實的原因來自孫吳的態度。

當遼東的使者來到孫吳，要求孫權出兵支援並再度稱臣時，孫權不知該如何反應，他從沒見過這麼不要臉的要求。就私人恩怨而言，孫權斷然拒絕公孫淵是合情合理，然而考量到孫吳的利益，這個看似毫無道德底線的請求，倒也不是不能考慮。

「要是公孫淵成功抵禦了司馬懿的進攻，這次助拳可就賣了燕國一個超大人情；若兩方打得難分難解的話，軍隊就趁機奇襲遼東，也能一解朕的心頭之恨。」在孫權理性的評估過後，欣然答應了公孫淵。

使者完成任務，回到遼東向公孫淵報告。

「大王，孫吳皇帝答應出兵相助，並且說要跟大王有福同享，有難同當。還要微臣提醒大王，司馬懿是當世奇才，大王千萬要小心。」使者道。

「只要孫權不來添亂就是幫大忙了。」公孫淵稍稍舒了口氣道。

與流星同隕

同一時間，遼東境內發生了幾起奇聞：有穿衣戴帽的狗在屋頂上走來走去，廚房又發現來歷不明的嬰兒蒸死在瓦瓶裡；更詭異的是，在鬧市還出現了巨大肉團，不但有頭有鼻有嘴巴，還時不時地蠕動。這些怪事與過去的「冠石」事件不同，都被解讀成不祥的徵候。

「肉團有形狀但不完整，有模樣卻不能出聲，此乃滅國之兆！」這樣的結論在民間甚囂塵上。

曹魏大軍開到遼東，好死不死又遇上了連月大雨、河水暴漲。司馬懿畢竟是高手，沒那麼輕易就退縮，反而趁著水勢利用船運將大批物資送來，繼續和公孫淵硬幹。

公孫淵守城守到糧食耗盡，幾名得力部將也戰死，連高句麗都起兵響應魏軍。

那一夜，有顆斗大的流星劃破長空。

公孫淵派出兩名燕國的高官，打算與司馬懿和談，結果送回來的卻是兩具屍體。

「司馬大人說聽不懂這兩個老糊塗在講什麼，所以請大王找個腦袋清楚的年輕人過來談。」魏兵將司馬懿的話轉述。

公孫淵不死心，又派出了一個較為年輕的官員，提議將兒子送去當人質，以平息這場戰爭。

「既然大王不投降，就只有死路一條，送人質就省了吧。」司馬懿的回答，讓公孫淵知道了什麼叫作絕望。

公孫淵眼見大勢已去，只得帶著幾百名騎兵出城奔逃。

他就在流星墜落之處，被魏軍所斬殺。

燕國王城陷落，城內所有文武百官一律處死。

公孫淵的頭顱送到了洛陽，距離司馬懿出兵的時間恰巧整整一年，整個曹魏朝廷歡聲雷動。

唯獨公孫晃笑不出來。

「我不是說過遲早會出事的！這個笨弟弟！」公孫晃哭喊道。

隨後公孫晃受到株連，落得與弟弟同樣的下場。被公孫淵囚禁的公孫恭則被司馬懿所釋放，不知所終。

遼東公孫氏的傳奇到此結束。

燕國從建立到覆滅，短短不到兩年，但這個王國的前身卻是歷經三世四任、執政長達半世紀的獨立政權，比劉備、劉禪父子統治蜀地的時間還久。

擊滅公孫淵的司馬懿，在日後一手掌控整個曹魏，最後由他的子孫篡魏建晉，完成統一神州的大業。

「嚴格來講，燕國從未敗給魏國過，是我們兩家運氣不好，都輸給了司馬氏。」如果公孫淵在另一個世界看見了天下歸晉，想必會為自己如此辯護吧！

1. 《三國志．魏書．公孫度傳》：「度少時名豹，又與琙子同年，琙見而親愛之，遣就師學，為取妻。」

遼東時報
《遼東時報》記者為您掌握最新資訊！現場我們……已經可以看到有許多肉團飛來飛去、這會是亡國的徵兆嗎……讓我們繼續追蹤下去……

《山本恩重如山本恩》持續好評發售中！

公孫淵
……
是夢……
只是夢……
慢著……
好像有奇怪的廣告
混進來了……？

亂世末路烏托邦

漢末時期群雄割據，各自為了不同的原因爭戰不休。除了這些實力雄厚的諸侯之外，在這片大陸上尚存在著獨善其身的勢力。其中有為求自保的武裝家族，也有以信仰為中心的宗教組織，他們在有限的空間裡發展，進化出千奇百怪的統治體系。

這些「微型勢力」對天下形勢的影響雖然有限，但也因為有它們的存在，使得這段歷史變得更加有趣。老是在吃曹、劉、孫三家你爭我奪的油膩大餐，偶爾也要來點清粥小菜平衡一下呀！

張角利用宗教「太平道」為號召所發起的黃巾之亂，給了漢朝一記大轟炸。其所統治的十三州當中，有八州陷入黃色風暴，席捲了超過半壁江山。

漢朝在此之前就已積累許多陋習，腐敗不堪。弔詭的是，真正毀滅漢朝的不是黃巾之亂這場大病，而是朝廷效力過猛的藥方，以及併發的後遺症。

黃巾之亂遍及八州，若只有朝廷發兵征討，真不知要打到何年何月，**實在不能像五×製藥那樣，先研究不傷身體再講求效果**。為了防止亂事擴大，只得開放權限，讓地方郡守可以就地徵兵籌糧，協助中央平亂，才能夠在短短一年將亂事迅速平定。

此藥方固然「快又有效」，但伴隨而來的副作用就是地方勢力坐大，成為滋養日後群雄割據的溫床。何況黃巾之亂也不是就此完全銷聲匿跡，例如「黑山賊」張燕、「白波賊」楊奉，還有令孔融坐困愁城的管亥等，都是平定黃巾之亂後，四散在全國各地的餘波。

過去的秩序土崩瓦解，朝廷且已自顧不暇，又怎能顧及到老百姓所承受的苦難呢？嚴苛的環境逼得他們不得不團結起來，共同尋

太平要術。

求生存與自保的出路。

許家堡VS.葛陂賊

要有效阻擋外來者的侵入，最直接的方法是構築城牆將村落給包圍，此類工事名為「塢壁」，另外也有「塢堡」、「壁壘」的稱呼。塢壁最初是邊境居民用來抵禦外族的侵擾，之後才在中原地區興盛起來。

根據不同的環境差異，塢壁也有各種不同的運作模式。像董卓的「萬歲塢」跟公孫瓚的「易京」這種大型塢壁，重點在於「難攻不落」，甚至比正規城池還更加堅不可摧。關於它們的介紹在〈卸下銀甲也從容——專訪趙子龍〉和〈無用謀主與狗頭軍師〉提及過，故不再贅述。

大型塢壁的功能是作為群雄的「最後一道防線」，假如哪天發生了嚴重的意外，他們還可以躲在塢壁裡面，靠著裡頭積存的大量資源渡過餘生。當然事實證明這只是不切實際的想法，董卓與公孫瓚的結局都相當悽慘。

另外一種是以宗族為主體的小型塢壁，其中以「許家堡」最具代表性，而堡主便是那位以曹操護衛身分為世人所知的「虎癡」許褚。

許褚出身譙縣（今安徽亳州），與曹操是同鄉。黃巾之亂初步平定後，葛陂（約今河南新蔡）一帶仍聚集為數不少的黃巾餘部，稱之為「葛陂賊」。葛陂賊凶狠異常，占據葛陂鄰近地區，逐步進逼譙縣。許褚號召數千戶族人與一批志同道合的年輕人，將許家堡給建立起來。可以調度這麼多的人力物力，可見許氏在當地是具有影響力的豪族。

葛陂賊來到譙縣，許家堡成了首當其衝，大家都要衝進堡內**搶錢搶糧搶娘們**，而許褚也帶領壯丁奮力抵抗葛陂賊的入侵。葛陂賊人數眾多，外頭的攻勢依舊沒有減弱的跡象，堡內人員疲憊不堪，庫存的箭矢也已耗盡。

許褚急中生智，大聲命令道：「所有人不分男女老幼，立刻收集大小適中的石塊於銅盤上，再將銅盤放置在堡內四個角落，開始動作！」

眾人聽命完成後，許褚拿起堆滿石塊的銅盤登上城牆，手裡抄起石塊便往城外砸，力道迅急猛烈，一名賊兵瞬間被擊斃。許褚接連投出強勁好球一石換一命，葛陂賊連忙退至安全範圍，不敢再接近許家堡。

沒箭矢可用石塊充數，沒飯吃那就糗大了。許家堡全員抗敵，沒心思處理農務而誤了莊稼時機，糧倉也即將見底，於是許褚主動釋出善意，提出停戰的建議。

虎士。

雙方經過談判後，決定握手言和。葛陂賊撥出部分糧食供給許家堡，而許家堡則以一頭肥牛作為交換，雙方銀貨兩訖，互不相欠。

葛陂賊還不知道，他們正落入許褚的圈套。

葛陂賊才剛把牛帶回己方主營，肥牛卻因為戀家而跑回許家堡，幾名賊眾使盡吃奶力氣推扯，肥牛仍不為所動。

許褚也不多說什麼，挽起袖子抓住牛尾，他拉著走一步，牛就退一步，許褚臉不紅氣不喘地拖行了一百多步，那些累得半死的葛陂賊，看得是目瞪口呆。

「你現在在想什麼？」賊眾甲冒著冷汗問道。

「我在想，我們是不是招惹了不該惹的怪物。」賊眾乙回道。

「那我們該怎麼辦？」賊眾丙又問道。

「我個人認為，我們應該迅速離開這個地方，有多遠走多遠。」賊眾乙回道。

葛陂賊連滾帶爬，逃得連個影兒都見不著，許家堡在這場戰役取得了勝利。

許褚投石曳牛威震四方，再也沒有不長眼的匪徒敢打許家堡的主意，直到日後曹操巡視譙縣時，許褚才舉眾歸附。過去與許褚並肩作戰的壯士，便收編為曹操的親衛隊，名曰「虎士」。

名士惜義士

在許家堡之後，又有徐無山。

話說把持朝廷的董卓為避反董聯軍鋒芒，強行將朝廷西遷長安；反董聯軍也因為內部意見分歧，最終不了了之，眾家諸侯各有算計，群雄割據的時代正式來臨。

群雄之一的幽州牧劉虞，不僅身為漢室皇胄，並斷然拒絕袁紹擁立其為帝的建議，是百分之百的忠漢分子。他擔心世道再沉淪下去，歷史悠久的大漢會就此玩完，決定以身作則，遣使到長安覲見獻帝劉協，表示自己的忠誠。

那麼要派誰擔任使者呢？這讓劉虞陷入了苦思。

此時一名幕僚提議：「聽聞鄰近的右北平郡（郡治在今河北唐山），有位青年才俊名叫田疇，屬下認為他是個合適人選。」此言一出，所有人盡皆點頭附和，紛紛表示田疇知書達禮，又勤習劍術，是本地不可多得的人傑。

由於眾人推薦，劉虞便邀請田疇前來一敘，兩人相見恨晚，劉虞任用田疇為幕僚，使者人選就這麼定下了。

田疇以「現今天下盜賊蜂起，若打著官方名號出使，恐怕會招來不必要的麻煩」作為理由，堅持用私人名義前往長安，隨行成員皆為自家食客與仰慕田疇名聲的少年，還選了一條杳無人煙的路線避人耳目。由此可知，田疇和許褚一樣，都是當地財力雄厚的望族。

旅途之艱險自不待言，田疇一行人終於抵達長安。被董卓當作傀儡玩弄的朝廷，發現竟然還有人關心自己，高興得眼淚都要飆出來了，打算要好好款待田疇，賜他更高的官職。

「如今朝廷處境艱難，微臣又怎能貪位慕祿呢？感謝陛下的厚愛，在下還得完成劉大人所交付的使命。」田疇撥了撥瀏海，瀟灑地離開。

就在返回幽州途中，田疇突然接到了噩耗——「白馬將軍」公孫瓚占領幽州全境，公開處死了劉虞。

田疇急忙返回幽州奔喪，在劉虞墓前涕淚縱橫地宣讀著朝廷回覆的文書。公孫瓚知道後相當不悅，下令逮捕田疇；但因各界皆讚揚田疇的忠義，公孫瓚迫於輿論壓力，不得不又釋放田疇。

公孫瓚或許可以將此事輕輕帶過，但田疇可不這麼想。

模擬城市。

「弑主之仇不報，我還有臉活在這世上嗎？」田疇的眼中冒出了熊熊烈火。

田疇放棄家中所有產業，帶著族人隱遁至一處叫徐無山的地方，山中有片廣闊的谷地，他們在此過著深耕易耨的生活。田疇打算蓄積實力對付公孫瓚，以告慰故主劉虞在天之靈。而且徐無山深遠險峻，要是公孫瓚貿然入侵，還能憑藉地利以寡擊眾。

仔細想想，與其說劉虞有恩於田疇，倒不如說田疇在幫助劉虞。田疇大可不必淌這渾水，賠上整個人生。然而站在田疇的角度，他只是堅持著那個時代的道德價值。

劉虞乃德高望重的名流，能夠獲其垂青，是田疇畢生莫大的榮耀；加上劉虞又以正式禮節徵辟，自此主從名分直到永遠，理由緊扣著像是「士為知己者死」、「一日為君，終身為主」此類的傳統美德。

田疇過去就小有名氣，如今加上他高風亮節的作風，更是聲名遠播。隨著北方戰事越加頻繁、百姓流離失所，又輾轉得知徐無山有位忠義無雙田老爺，頓時吸引了大量難民湧入。數年之間，已有五千餘戶人家在徐無山安身立命。

閒雜人等一多，作奸犯科的情事就開始發生，田疇召集徐無山中有威望的耆老，就此等現象進行商議。

「承蒙各位鄉親父老不嫌棄，願意來到徐無山。如今谷內人口日益增加，若無一套共同規範，恐怕會出狀況。在下認為應該推舉一位夠資歷、有才幹的人，來領導徐無山。」田疇朗聲道。

耆老們面面相覷，心裡想著：「這不是明知故問嗎？捨你其誰？」

「這當然非田大人莫屬了。」當中有個識相的率先說道，大家也跟著附和。

「既然大家這麼堅持，田某也只好當仁不讓了。」田疇客氣道。**自己主動爭取就遜斃了，一定要大家勸進，才顯得自己有行情。**人性嘛！

「咱們以田大人馬首是瞻！」眾人齊聲道。

在田疇一手擘劃下，徐無山有了專屬的法律和禮教制度，也開始興辦學校、推行教育，谷內治安大幅改善，生活井然有序。徐無山地處北境，免不了要跟外族打交道，鮮卑、烏丸的部落也開始遣使進貢，與徐無山簽署和平協議。

正當田疇忙於遊玩「模擬城市」時，傳來了一則意外的消息——袁紹攻陷易京，公孫瓚自焚而亡。復仇的對象已不復在，那麼田疇目前為止所努力的一切，究竟是為了什麼呢？

後來曹操統一北方，田疇接受招安並解散徐無山，舉家搬到鄴城定居。之後田疇多次協助曹操參與戰事，但始終未曾向曹操謀取一官半職。

「我……我到底在幹嘛啊？」沒能讓公孫瓚死在自己手上的挫敗感，必然深植田疇的內心深處無法自拔。

五斗米道的政教混搭

除了以宗族或人望為號召之外，漢末也有以宗教聚集人心而維持局面穩定的地方。從〈潼冀風暴〉中可以得知，張魯是以漢中為根據地的漢末群雄，而他同時也是「五斗米道」第三代教主，為中國歷史上極為罕見的政教合一領袖。

五斗米道是東漢時期道教的一支流派，創始人名叫張陵，是張魯的祖父。張陵藉著治病的名義在蜀地進行傳教，那些病人痊癒後，會捐五斗米來表示感謝，久而久之成了一項通則：只要是有心要入教的，必須繳交五斗米當作入會費。

以漢朝的度量衡標準計算，五斗約莫是現代的兩千毫升，分量差不多等於市面上的一包兩公斤包裝米。漢朝最低階的公務員，平均每個月可領八十斗米，所以五斗米對一般老百姓而言，還能負擔得起。

起初五斗米道只是單純傳教，後來黃巾之亂爆發後，五斗米道的教徒張脩也跟著湊熱鬧，在漢中起義行事。此時五斗米道的教主已經由張魯接手，張魯打敗了張脩，順帶

鬼卒。

併吞了他在漢中的勢力。

張魯的初衷大概只是要清理門戶，沒想到誤打誤撞，賺到了漢中的統治權，開始涉足政治圈。

問題來了，張魯完全沒有行政相關的資歷，五斗米道是他人生的全部，可能連儒家那套學問都一知半解，他只能憑藉過去傳教的經驗來治理漢中。正因如此，漢中的施政邏輯不僅有趣且獨樹一格。

當時不管是董卓、李傕的長安朝廷，還是曹操的許都朝廷，他們光身邊的麻煩就解決不完，哪裡還有空閒理會張魯？對於張魯占據漢中也只能事後追認、就地合法，加之漢中地形是四面環山的盆地，讓張魯得以保持一定的孤立性。

張魯在漢中先訂下一條鐵律，不管你是從哪來的，只要想在漢中居住，一律強制入教，先交五斗米再說。剛開始入教的居民，稱作「鬼卒」。

在行政區劃上，張魯也不搞漢朝郡守、縣令這一套，而是沿用五斗米道分配地域傳教的概念，將漢中劃分成若干個「治」，每一個治都會設一個「祭酒」管理；如果那一個治的人口較多，祭酒就會升級變成「治頭大祭酒」。張魯身為漢中的最高領袖，也有一個響亮的稱號——師君。

張魯還另外設立了「都講祭酒」一職，它的地位僅次於師君，是五斗米道政權所能賜予的最高榮譽。在馬超寄寓漢中時，張魯便是封其為都講祭酒，以表重視。

在基礎建設上，每一位祭酒都必須要在自己的轄區蓋一座「義舍」。義舍除了可以提供商旅休憩、住宿之外，裡頭還會放置「義米」跟「義肉」，全部免費提供，屬於多功能的社區中心。

在律令刑罰上，師君允許你可以犯三次錯，前三次可以寬恕，要是第四次再犯，才會實施懲罰；如果犯的是小錯，可用勞動服務抵罪，要鋪整大約一百步距離的道路。

這樣看來，五斗米道政權與現代的社會福利政策、共產主義，倒有點英雄所見略同的味道。

張魯不用嚴刑峻法來管制他的子民，而是利用宗教迷信來告誡人民。五斗米道政權將違反道德的行為與疾病相連結：你做了不該做的事，鬼神會讓你得病；你要是生病了，就必須閉關思考是否做錯了什麼，以取得鬼神的饒恕。

「自省」和「自律」，是張魯施政理念最好的總結。

小國寡民。

理想國進化論

春秋時期的道家代表老子，認為「小國寡民」是人類社會的終極型態，領地不需要太大、人民不需要太多，只要食物夠吃、衣服夠穿、房屋夠住即可，不需要多餘的物質享受，也不需要四處奔波，可以時常保持著心靈上的平靜。

有趣的是，許家堡、徐無山與五斗米道這三股誕生於漢末亂世的社群，雖然沒有直接關聯，但就像是事先講好的一樣，分別呈現了三個階段的進化。從許家堡進化成徐無山，再從徐無山進化成五斗米道。五斗米道的教義正是源自於老子的思想，它當然最為貼近老子對於「小國寡民」的想像。

張魯的五斗米道政權，在漢中屹立了三十年，這段期間的許多實驗都讓人驚豔。可惜累積了這麼長時間的資訊，在被曹操併吞後消失殆盡，只存留了史書上的隻字片語。

如果每個人都能像張魯所說的，不需要世間的任何規範，就能盡好自己的本分，普天之下不都盡是「烏托邦」嗎？

張魯
馬超！我任命你為「都講祭酒」！
馬超
可以不要嗎？
不可以！

（略）
你……只要交五斗米，直接當幹部喔！接下來每個月能至少吸收三個下線加入我們的話、他們入會費的十%會直接讓你抽成、如果他們又有下線的話，你還能再……（略兩千字）
張師君，我已經想離開漢中了。

皇親國戚在異鄉

本篇故事主角夏侯霸與孫秀等「落跑三寶」的生活經歷彼此之間毫無交集，但他們卻有著極其相似的處境。四人都有著宗室的身分，也都因自身所屬國家發生的衝突，被逼得不得不逃離而投奔過去視為仇敵的異地。造化弄人，完全驗證了「事實比虛構更離奇」這句話。

這篇故事的時空背景已是三國時代的後期，對此期間發生的許多事件人們並不特別耳熟能詳，因此恰好可以藉由夏侯霸等人的遭遇，對「後三國時代」加以簡要介紹。

本文原先發表的篇名為〈王子們的異鄉生活〉。

三國之中的曹魏與孫吳，能在很短的時間內興起，與他們有著龐大的親族勢力有很大的關係。曹操的父祖皆為朝中顯貴，起步自然比一般人快；孫權亦是憑藉父兄用生命換來江山，成就日後孫吳的霸業。

從這個層面上來看，也能夠解釋劉備的前半生為何顛沛流離、成不了氣候。劉備名義上是「漢室後裔」，實則是靠織草蓆、賣草鞋維生的沒落皇族，他的奮鬥過程中沒有親族的協助，完全是白手起家。

以血緣作為情感上的紐結固然有幫助，卻也相對引發了後遺症。曹丕與曹植為了爭奪繼承權，明爭暗鬥所在多有；孫權更是被「二宮之爭」搞得焦頭爛額，造成日後孫吳衰亡的遠因。相較之下，蜀漢幾乎沒有皇族內鬥的情事，家族緣薄反而有意外的好處。

更何況，親族再怎麼犧牲奉獻也有個限度，他們的付出仍是需要回報的。若是他們受到委屈了，跳槽換個新東家也不是不可能的事。

離開過往效忠的主子，投向另一個陣營，只要理由合乎情理，選擇適合自己發展的環境無可厚非，就如同現代社會離職轉換跑道一樣。但若你身分特殊，身為「皇親國戚」，那跳槽這個舉動，就變得沒那麼單純了。

為仇恨而生的男人

三國時代裡，皇族轉換跑道的例子最出名的當屬夏侯霸了。夏侯霸在《三國演義》裡是曹操麾下大將夏侯淵的長子，但實際上他是次子，上頭還有一位長兄夏侯衡。

曹操本姓夏侯，兩家又「世為婚姻」，說明曹操與夏侯氏的關係非比尋常，再加上夏侯淵的妻子與曹操的妻子是親姐妹，因此夏侯霸與魏文帝曹丕或曹操其他兒子，血緣上也有表兄弟的關係。

夏侯淵在漢中爭奪戰時，被劉備大將黃忠所殺。夏侯淵之死對曹操陣營無疑是一次沉重打擊，也讓當時年紀輕輕的夏侯霸，與劉備結下了很大的樑子。

「這大耳賊殺了我老爹！我誓要將他們碎屍萬段！我的老爹啊——」**夏侯霸跪在地上，甩著長髮仰天狂嘯。**

在夏侯淵死後，夏侯霸足足有十年的時間，在歷史上完全空白。夏侯霸在這十年做了哪些事，我們無從知悉。但可以肯定的是，夏侯霸對於蜀漢的仇恨，絲毫沒有消滅。

物換星移，十年後東漢早已消失，取而代之的是曹魏帝國；曹魏也已更迭了三代，進入了明帝曹叡時期。曹叡命大司馬曹真為主帥，大舉興兵討伐諸葛亮坐鎮的蜀漢。曹真是曹操的養子，在血緣上跟曹操沒有什麼太大關係，但他卻是最受曹魏所重用的宗室之一。

在此之前諸葛亮已主動發起了兩次北伐，此次曹真不甘示弱，想要還以顏色，又知夏侯霸有復仇之心，於是任命他為先鋒，以報血海深仇。

「我苦練十年的武功，今天終於派上用場啦！」夏侯霸胸懷壯志。

蜀漢方面得知先鋒為夏侯霸，倒也不是很在乎，下令軍隊一擁而上，衝入了夏侯霸的軍營。這個夏侯霸大概都把時間花在鍛鍊武藝上了，統兵作戰就馬馬虎虎，他被困在營內動彈不得，只能一直守在營柵前，拚死抵擋如潮水般湧入的蜀漢軍隊。

幸好曹真的援軍及時開到，在千鈞一髮之際解了夏侯霸的困局。

「好險！這次是太大意，下次我定要給你們一次痛擊！」夏侯霸略定心神，鬥志依舊高昂。

可是此時突然下起了大雨，還連下一個多月，暴漲的溪流將通行的棧道都給沖斷了。曹真只得無奈退兵。

「不——！」**夏侯霸跪在地上，再次甩著長髮仰天狂嘯。**

就如同期待已久的畢業旅行卻臨時取消一樣，夏侯霸內心的苦悶可想而知，但他很快地又振作了起來。他深知雨會停止、伐蜀會繼續，曹真仍會再度委派他擔任先鋒。

隔年，曹真去世。

「曹真大人啊——！」**夏侯霸跪在地上，又一次甩著長髮仰天狂嘯。**

變了質的祖國

這段期間的夏侯霸，受命屯兵於魏、蜀邊境的隴西地區，除了防範蜀漢之外，也身負訓練兵士以及安撫氐、羌等異族的重責大任。

魏明帝曹叡駕崩後，其年僅八歲的養子曹芳繼位，並由司馬懿與曹真之子曹爽共同輔政。曹爽起初還敬司馬懿是政壇前輩，要下什麼決定之前，都會先諮詢他的意見，後來曹爽受到了以何晏為首的一幫損友慫恿，將司馬懿升任太傅。太傅地位雖然崇高，但卻沒有實權，此舉無異是將司馬懿明升暗降。

司馬懿深知眼下與曹爽衝突沒有任何好處，於是他便稱病不出，進入半退休的狀

挑槽換東家。

態。曹爽拔掉了眼中釘，風頭更是一時無兩。

司馬懿與曹爽兩人雖同為託孤大臣，但司馬懿乃數次抵擋蜀漢北伐的超強實力派，曹爽只不過是憑藉父蔭和宗室身分的紈袴子弟。身無寸功的他，為了能夠在朝中站穩腳跟，並進一步名揚天下，無視司馬懿的勸誡，發動大軍攻打蜀漢。

這次戰爭距離上回曹真伐蜀已有十四年，夏侯霸終於又等到了機會，復仇熾焰仍在他的心中熊熊燃燒，並未隨著歲月的流逝而有絲毫消減。

「養兵千日，用在一時。這次我定要讓蜀寇知道我夏侯霸的厲害！」夏侯霸滿懷信心道。

大軍浩浩蕩蕩地前進，好不威風。此時諸葛亮早已去世多年，但蜀漢的戰力仍舊不容小覷，曹爽空有優勢兵力，卻占不著任何便宜，加上魏軍的後勤供應嚴重不足，曹爽只好下令退兵。蜀軍早已料到曹爽動向，半途截擊魏軍，曹爽此役輸得一塌糊塗。

「……。」夏侯霸無語問蒼天。

遭遇如此慘痛的大敗，曹爽原先的意氣風發早已消失殆盡，開始自暴自棄、花天酒地，不僅食衣住行規格比照皇帝，還將國家的田產劃為己有，甚至從明帝曹叡過去的後宮中挑幾個喜歡的，帶回自個兒府上「享受」，所作所為越來越脫序。

司馬懿不愧是政壇老狐狸，見到曹爽日益鬆懈，當然不會放過這個大好機會，於是趁曹爽隨同皇帝曹芳拜謁安葬明帝曹叡的高平陵時，於國都洛陽發動政變，史稱「高平陵之變」。

高平陵之變是三國後期極為重要的事件。在這場政變中，司馬懿奪回大權，並將曹爽夷三族，自此曹魏宗室的力量大幅衰弱，也埋下了未來司馬氏篡魏的伏筆。

司馬懿對於皇族的殘酷手段，令遠在魏、蜀邊境的夏侯霸亦感到有性命之虞。在這樣的壓力下，夏侯霸為了活命，他必須想些辦法在這場政治風暴中脫身。百般無奈之下，夏侯霸只得投奔蜀漢。

流浪到蜀漢

夏侯霸一生誓報殺父之仇，如今卻要仰賴蜀漢的庇護，想來真是諷刺。當時可能決定過於倉促，夏侯霸來不及通知家人，身邊只帶著幾名親信，就騎著快馬逃往蜀境了。

一陣慌亂中，夏侯霸踏入了陌生的土地，在那個還沒有衛星導航的年代，他們很快就意識到了迷路的問題，緊接著他們又面臨到了糧食耗盡的困境。

地獄倒楣鬼。

夏侯霸又冷又餓，只好殺了自己的座騎果腹，然後繼續率領著狼狽的親信，在杳無人煙的山林找尋生路。在這個節骨眼上，夏侯霸不小心扭傷了腳，連步行移動都出了問題。用「地獄倒楣鬼」來稱呼他，可說是當仁不讓。

正當夏侯霸躺臥在岩石上奄奄一息之際，眼前突然出現了一支打著「漢」字旗號的軍隊。原來蜀漢早已收到夏侯霸奔蜀的消息，趕緊派遣人馬前去接應了。

就這樣，夏侯霸歷經千辛萬苦，總算是抵達了蜀漢的國都成都。

夏侯霸走入宮殿，只見後主劉禪大開宴席，滿臉堆笑。

「哎呀！仲權（夏侯霸字）愛卿此次棄暗投明，實乃是我大漢之福啊！今晚愛卿盡量吃盡量玩，都由朕買單！千萬不要客氣啊！」劉禪說道。

夏侯霸眼見這位一直對著他笑、笑得他心裡發寒的皇帝，就是他殺父仇人之子，內心百感交集。劉禪也知道夏侯霸在想什麼，於是緊握住夏侯霸的手說道：「愛卿過去似乎對我朝有所誤會。當年令尊是在行軍途中出了意外，並非先皇所害。」

劉禪又召來站在一旁的諸皇子，對夏侯霸說道：「這些孩子都是你的外甥孫呢！」

「舅公——。」諸皇子齊聲道。

好一個後主劉禪，睜眼說瞎話還講得臉不紅氣不喘，輕描淡寫便將夏侯霸的心結給解了。夏侯霸得到蜀漢皇帝超乎想像地熱切歡迎，心下也默默認定此地將是他的歸宿。

為什麼劉禪的皇子會稱夏侯霸為舅公呢？這得把時間拉回四十九年前。當時劉備被曹操擊潰，倉促北上投靠袁紹，關羽被曹操暫時招降。張飛頓失依靠，只得蟄伏在豫州譙郡附近觀望。

有一天，張飛在森林中打獵，途中見到了一名少女正在撿拾柴薪。少女年約十三、四歲，樣貌清秀、氣質出眾，張飛不禁停下腳步看得痴了。少女也留意到有個眼神色瞇瞇的大叔盯著自己看，覺得渾身不對勁。

「請問大叔是誰？有什麼事嗎？」少女問道。

「啊！方才有些失態，都忘了自我介紹了。我乃漢左將軍宜城亭侯領豫州牧劉備——」張飛回道。

「你就是大名鼎鼎的劉玄德？」少女驚道。

「——的部屬兼好兄弟，中郎將張飛。」張飛道。

「呿——！」少女略感失望。

「小姑娘長得挺標緻，可否賞臉讓在下請一頓飯，聊聊天、談談心呢？」張飛向小姑娘靠近了一步。

「大叔請自重，我可是夏侯淵的姪女。」少女向後退了一步。

大叔與少女。

「夏侯淵是什麼東西？區區曹賊走狗，老子從來沒怕過！**來，大叔帶你去看漂亮的金魚！**」張飛邊說邊抓著少女的手，強行將她拉走。

於是張飛與這位夏侯少女就莫名其妙成了親，還生了孩子。後來他們的女兒還成了劉禪的皇后[1]。夏侯淵在漢中喪生之後，張夫人也請求將其厚葬。

在處理夏侯淵的問題上，蜀漢算得上是盡了禮數。畢竟兩軍交戰死傷難免，上了場命就交給天註定。夏侯霸或許也是想通了這點，才會毅然決然作出投蜀的決定吧！

顯耀下的悲苦

夏侯霸搖身一變，由曹魏宗室變成蜀漢外戚，升任為車騎將軍。大概都屬曹魏降將的關係，夏侯霸與姜維的交往特別密切。姜維曾向夏侯霸諮詢有關曹魏的狀況，夏侯霸則一路跟隨姜維進行北伐。兩人後來在洮西（約今甘肅定西）這個地方，打了一場大勝仗。

有趣的是，不久前夏侯霸才以魏將的身分與姜維在洮西交戰過。如今重返舊地，以

離職轉跑道。

前的敵人成了戰友，過去的戰友卻都成了敵人，夏侯霸當下想必是感慨萬千。

在蜀漢的仕途「厚加爵寵」的夏侯霸，去世之後竟也獲得由後主劉禪所賜的謚號。通觀整個蜀漢能夠獲得謚號的大臣，屏除掉三名根正苗紅的皇族後，也不過區區十二人[2]。可見夏侯霸所受到的待遇是多麼優厚。

在如此光鮮亮麗的表面之下，伴隨而來的是夏侯霸難以承受的痛苦。他留在曹魏的家人，雖因其宗室身分而免於死罪，但兒子仍被流放到邊境中的邊境——樂浪郡。

更何況夏侯霸隻身來蜀，人際關係幾乎得從頭來過。夏侯霸曾試圖主動結交蜀臣，但卻碰了一個軟釘子[3]。諸如此類的人情冷暖，相信夏侯霸是點滴在心頭。

或許他那未曾蒙面的皇后外甥女會基於禮貌問候，或許與他背景相近的姜維可以與他閒聊幾句，但是周遭異樣的目光、防備的心態，都是夏侯霸必須面對的難題。

值得慶幸的是，夏侯霸的女兒有了很好的歸宿。她的丈夫羊祜是被評價為「雖樂毅、諸葛孔明不能過也」的名將，在日後的西晉時代，表現也十分活躍。這對夏侯霸而言，多少也能感到些許安慰吧！

夏侯霸流浪到蜀漢，受到劉禪禮遇。
夏侯霸
……謝、謝謝。
劉禪
唉呀呀別客氣呀
都是一家人呢

可惡……難道蜀漢都是些好人嗎……有種想在這裡安定下來的感覺……

這樣就讓他安心了……還真好搞定啊。
劉禪的角色設定是這樣嗎！？

躺著也中槍的「第一寶」

除了曹魏之外，孫吳也有類似的案例。主角共有三個——孫壹、孫秀、孫楷。為了方便記憶，姑且將這三位孫吳皇族稱為「落跑三寶」吧！

孫氏子孫滿堂、枝葉繁茂，皇族體系大致上分成四支。除了孫堅這系「主幹」外，尚有孫堅之兄孫羌、孫堅之弟孫靜，以及關係較為疏遠的孫河一脈。

孫靜自始便跟隨孫堅打天下，到了孫策平定江東後，孫靜亦不戀棧，進入半退休狀態。他的直系後代仍舊活躍於孫氏政權，為孫吳立下不少汗馬功勞，當然也出了孫峻、孫綝那樣敗壞朝綱的不肖子孫。

「落跑三寶」的第一寶孫壹，便是出自孫靜一系。

孫壹當時鎮守魏、吳邊境的夏口（今湖北武漢），而孫吳內部正處於一片混亂。掌控朝廷的孫峻病逝後，將權柄私自交由孫綝把持，此事令朝中其他大臣十分不滿，於是醞釀起推翻孫綝的行動。沒想到孫綝先發制人，將主謀給除掉，行動以失敗作收。

本來這次的鬥爭，與遠在夏口的孫壹沒有什麼關係，但行動的兩個主謀卻都是孫壹的妹夫，而孫壹的親弟弟更因知情不報而畏罪自殺。種種跡象使得孫綝不得不懷疑，握有兵權的孫壹也有參與行動。

疑竇越來越深，孫綝決定派人前往夏口殺掉孫壹。無辜的孫壹知道來者不善，又不願與自家人起衝突，幾經權衡之下決定投靠曹魏。

曹魏方接到消息後，當然隆重接待。此時司馬懿已去世，由其長子司馬師獨攬大權，曹芳密謀罷廢司馬師未果，反遭司馬師註銷皇帝資格，另立曹髦為新任皇帝。司馬師不僅同樣封孫壹為車騎將軍，還將廢帝曹芳的貴人邢氏賜予他為妻，開啟了日後孫吳宗室接連投誠的第一槍。

1／4 曹魏血統的「第二寶」

孫綝好日子沒能過多久，就被自己擁立登基的孫休給除去。孫休在位僅六年，之後由孫皓繼位。

此時接替孫壹夏口前線防務的，便是「落跑三寶」中的第二寶孫秀。孫秀出自孫堅一系，為孫權四弟孫匡之孫。他除了是孫吳宗室之外，身上也流著曹家的血液。

當年官渡之戰前夕，曹操為了能專心對付袁紹，於是拉攏在江東日益強大的孫策，將姪女嫁給孫匡，以聯姻的手段來達成一定程度的友好。若一路追溯上去，孫秀還得叫曹操一聲外曾伯祖父。

或許是過去手足相殘的陰影太深，孫皓只要稍感覺風吹草動，寧可錯殺三千，也不願放過一人。在同一年裡孫皓連殺了兩名宗室，就因為民間謠傳他們懷有異心。顯見孫皓為了保住皇位，可說是豁出去了。

孫皓對於孫秀掌兵在外，早就忌憚已久；加上當時孫皓已將國都遷至武昌（今湖北鄂州），距離孫秀駐守的夏口僅咫尺之遙，「處理」事情會很有效率，因此孫秀深怕成為第三號犧牲者。

不管如何擔心，該來的還是會來。某日，孫皓心血來潮，派了五千名兵士前往夏口，宣稱只是去「打獵」，沒有要做什麼奇怪的事情。

「獵什麼畜牲需要五千人？恐龍是吧？」孫秀清楚來者不善，不願坐以待斃，只得效法老前輩孫壹，帶著細軟一路向北了。

其時蜀漢已亡，曹魏也被司馬氏取代，三國時代已成了晉、吳兩國對峙。來到晉國的孫秀也受到重視，晉武帝司馬炎甚至將表妹蒯氏許配給他，恩寵程度不下孫壹。

跟風追流行的「第三寶」

將時間拉回孫綝專政時期。孫綝將孫亮流放後，選中孫亮的六哥孫休來接手這個大爛缺。可孫休又不是傻子，這種窩囊皇帝當來幹嘛呢?孫綝當然也清楚孫休的心思，於是請出了同屬宗室的「第三寶」孫楷來勸服孫休出面承擔重任。

孫楷出自孫河一系，雖然只是旁支別屬，但孫楷的官職為「宗正」，主掌皇族相關事務；加上孫楷德高望重，面子夠大夠分量，因此由他出面擔任說客甚具有公信力。在孫楷斡旋之下，孫休勉為其難地答應了。孫綝以為自己請的是隻小羊，沒想到來了一頭披著羊皮的狼，短短數月便遭孫休設計所殺。

孫休在位的政局堪稱平穩，孫楷調派到位於長江出海口的京城（今江蘇鎮江）駐防，戍守國都建業。直到孫皓當政之後，朝廷又起波瀾。

孫皓誅殺宗室，夏口又跑掉了一個孫秀，已是人人自危。在這種節骨眼上，境內又發生叛變。一群山越軍隊將孫皓的弟弟孫謙擄走，並打著他的名號，企圖攻陷建業城。

雖然目標遠大，不過這群雜牌軍連副像樣的鎧甲都沒有，每個都打著赤膊廝殺，因此很快就被裝備精良的孫吳軍隊擺平了。但即使狀況都在掌控之中，仍是觸動了孫皓敏感的神經。

「孫謙是真的被綁架嗎？還是他自導自演？他該不會想搶朕的皇位吧？」孫皓越想越不對、越想越憤怒，於是下令毒殺孫謙。孫謙何其無辜，不但被一群猛男綁架，還要喝下哥哥賜的毒酒。

即使如此，仍無法平息孫皓的怒火，他又將矛頭指向駐守京城的孫楷。

「那群暴民都要進城了，為何不出兵？你在觀望什麼？你跟那群暴民串通了嗎？還是和朕的弟弟有什麼密約？該不會這一切都是你主使的吧？**給朕交份一萬字的報告上來！**」孫皓罵道。

責問孫楷的使者大排長龍，孫楷已經十分煩惱了，沒想到孫皓突然又下了一道命令：將孫楷調回中央。接獲命令的孫楷，更是嚇得六神無主。

落跑三寶。

「我要是回去，這瘋子皇帝不把我殺了才怪！與其死得不明不白，我不如當一回叛徒算了！」孫楷沒有其他選擇，只好追隨著前輩孫壹、孫秀的腳步。晉國當然求之不得，表達了熱切歡迎之意。

都付笑談中

「落跑三寶」的宗室身分，對曹魏和後繼的晉朝無異是最佳的政治招牌。他們的加官晉爵，就像是對孫吳所有文武百官作出**「年後跳槽好去處，升職加薪等著你」**的宣示。

孫壹在曹魏高官厚祿，又娶了邢氏，面子裡子都有了，本應從此過著幸福快樂的日子。偏偏這邢氏有個壞毛病，極為痛恨比她年輕美貌的女子，大概會整天對著鏡子問「我是不是這世界上最美麗的女人」之類的問題。

也不知道是孫壹好色，抑或是邢氏過於偏激，府邸的婢女經常遭受邢氏的荼毒。婢女們不甘受辱，聯合起來將孫壹夫婦給殺了。原本孫壹是為了逃避追殺而投魏，卻終究逃不過橫死的命運。

在司馬氏併吞孫吳後，這些宗室就不再重要了，過去的禮遇也大打折扣。孫秀與孫楷兩人均被降職，孫楷自此就沒有什麼重要事跡，反倒是孫秀在晉朝的日子中還有一些小插曲。

當晉軍攻陷建業，孫皓舉城投降，群臣歡慶天下統一之時，唯獨孫秀請了病假缺席，待在家中面向南方痛哭流涕道：「伯符（孫策字）大人當年以弱冠之齡起家，為我大吳奠定基礎；如今孫皓將國家拱手讓人，從此先祖的宗廟陵墓都將成為廢墟。天啊！為什麼會搞成這樣啊！」

孫皓投降後，也遷到了洛陽居住。過去的君臣如今成了同僚，兩人說不定有機會見上一面，見到對方的剎那，心中肯定是百感交集吧！

1. 《三國志·魏書·夏侯淵傳》裴注引《魏略》：「建安五年，時霸從妹年十三四，在本郡，出行樵採，為張飛所得。飛知其良家女，遂以為妻，產息女，為劉禪皇后。」

2. 除了夏侯霸外，其他十一人分別為法正、諸葛亮、蔣琬、費禕、陳祗、關羽、張飛、馬超、龐統、黃忠、趙雲。

3. 《三國志·蜀書·張嶷傳》裴注引《益部耆舊傳》：「時車騎將軍夏侯霸謂嶷曰：『雖與足下疏闊，然託心如舊，宜明此意。』嶷答曰：『僕未知子，子未知我，大道在彼，何云託心乎！願三年之後徐陳斯言。』有識之士以為美談。」

他和他的風花雪月

三國受歡迎的程度至今歷久不衰，但相信喜歡的人還是以男性為大宗。要如何令女性朋友對三國歷史感興趣呢？真是個艱鉅的難題。

「比起打打殺殺，或許人與人之間的情感更能吸引女性吧！」抱著這樣單純想法的我，認為這或許會是一個可行方案。

不幸的是，稍微做了功課後，發現有關男女之情的題材極為有限。雖然《三國演義》中有貂蟬與董卓、呂布的三角戀，也有孫策、周瑜共娶橋氏姊妹花的佳話，但這些都與真實歷史差別太大，難以作為參考。

後來想到，與其執著於異性情感，倒不如挖掘三國時期的同性之戀，說不定會有所斬獲，所以便誕生了這篇文章。

當中的內容有些尚稱「罪證確鑿」，另外有些就真的是「穿鑿附會」了，但就如同〈朱桓將軍撞妖實錄——蟲落族傳奇〉一般，各位姑且就當作是八卦花邊，觀賞不一樣的三國故事吧！

孫權
……
——今天也很努力的孫權。

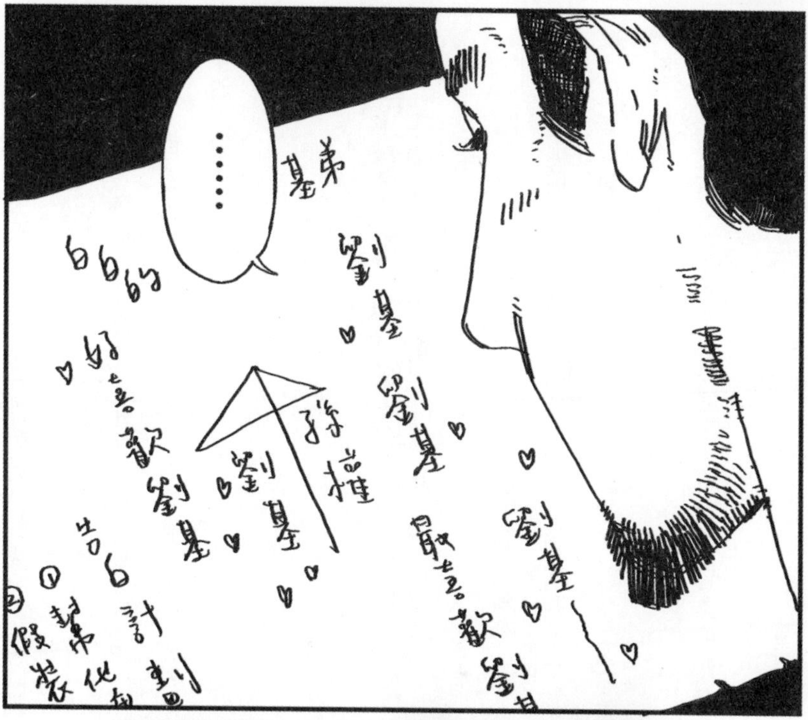

——今天也很努力想念劉基的孫權。

二〇一五年六月二十七日，美國最高法院認定憲法保障同志婚姻，於是美國成為了全世界第二十一個全面承認同性戀婚姻的國家。這個劃世代的決定，引起臺灣社會諸多的討論。

有部分反對同志婚姻的人主張，同性戀是違反「中國傳統價值」。不過若是綜觀中華歷史，你會發現古人對於同性愛並未有強烈的批判或否定，就是覺得有些特別、卻也不至於大驚小怪。

自古傳統「優良」文化？

中國最早的詩歌總集《詩經》當中的〈國風．鄭風〉，所收錄的不少詩篇很有可能就是講述男男之間的情愫；到了春秋戰國時期，上流社會開始興起一股蓄養男寵的風潮，比如衛靈公與彌子瑕的「分桃之愛」、魏王與龍陽君的「龍陽之好」，都是你我耳熟能詳的例子。

到了西漢，那更是火力全開，西漢皇帝幾乎人人有男寵，多到班固的《漢書》都還要為這些男寵另開一部〈佞幸傳〉，其中最有名的就是漢哀帝劉欣與董賢的「斷袖之情」。

此外西漢亦有女女之戀，《漢書．外戚傳下》記載漢哀帝劉欣時期，宮中女官道房與曹宮有「對食」的情形，也就是這兩人在深宮中寂寞難耐，因而發展出戀情，後來也適用於太監與宮女之間那種只能洗牌跟砌牌、而不能胡牌的類夫妻關係。

而「對食」原意是指一同用餐，絕對不是你們想像中**(14+9)×3**的那種行為。

與其說這些君王們是同性戀，倒不如說他們只是把養男寵當成一種興趣，他們自己也好女色、置後宮，而男寵本身更不是完全的同性戀者，像董賢就有自己的妻室。因此我會說他們是君臣之間的「特殊性關係」。

君臣之間的「特殊性關係」。（再次強調）

東漢的同性愛記載，比起西漢銳減了許多，比較著名的便是大將軍梁冀與他的小白臉秦宮，秦宮俊美到連梁冀的妻子孫壽都垂涎，於是孫壽也暗自與秦宮勾搭，三人行好開心。

梁冀、秦宮、孫壽三人的愛欲交歡，非常適合拍成一部藝術電影，片名就叫：

《DOUBLE LOVE：空虛被它填滿的同時、也填滿了她的空虛》

滿足腐女子的俊美愛侶

到了三國，有關同性戀的記載變得極少，直到晉朝開始以至南北朝，同性戀的事跡才又開始百花齊放。《晉書．五行志下》記載：「自咸寧、太康之後，男寵大興，甚於女色，士大夫莫不尚之，天下相仿傚，或至夫婦離絕，多生怨曠，故男女之氣亂而妖形作也。」

「咸寧」、「太康」是晉武帝司馬炎在位時的年號，已經是三國時代尾聲晉、吳兩國對峙的時候。從晉朝開始一直到南北朝，男男情愛又成為了一種風尚。

會造成這樣的現象，主要是因為晉朝的司馬氏，是東漢、曹魏兩朝的世族，本應恪守禮教的他們，為了篡位不知殺了多少人、雙手染了多少鮮血。這樣的政治動盪，讓當時的知識分子對於以往所深信的儒家「三綱五常」，產生了混亂與質疑。

他們想逃避爭權奪利的骯髒世界，轉而擁抱崇尚無為自然的老

在。

莊思想，既然以往這些禮法規範再也無法信任，不如做自己、好自在，這也是之後「魏晉玄學」發展的濫觴。

魏晉玄學的代表團體，就非「竹林七賢[1]」莫屬了。「竹林七賢」當中的嵇康、阮籍，又自組一個子團體叫「嵇阮」，他們兩人的感情特別好，好到有點令人玩味。

嵇康，字叔夜，《晉書．嵇康傳》稱他「有奇才，遠邁不群。身長七尺八寸，美詞氣，有風儀」，是一個身材高大挺拔、有氣質又有文采的風流才子。

阮籍，字嗣宗，《晉書．阮籍傳》則說他「容貌瑰傑，志氣宏放，傲然獨得，任性不羈」，也是一位有性格、有理想的花樣美男。

其中值得一提的是，阮籍在他的八十二首〈詠懷〉詩作品當中，其中一首的內容是這樣的：

昔日繁華子，安陵與龍陽。
夭夭桃李花，灼灼有輝光。
悅懌若九春，磬折似秋霜。
流盼發姿媚，言笑吐芬芳。

做自己，好自

攜手等歡愛，宿昔同衣裳。
願為雙飛鳥，比翼共翱翔。
丹青著明誓，永世不相忘。

詩的開頭所提到的「安陵」、「龍陽」，就是指安陵君與龍陽君。龍陽君在本文開頭提過，是戰國時期魏王的男寵；而安陵君則是戰國時期楚共王的男寵。從阮籍的這首詩可以看出，他內心十分傾慕古時候的同性之愛。

《世說新語．賢媛》中有這麼一段故事，主角同樣也是「竹林七賢」。話說山濤與阮籍、嵇康兩人剛認識便惺惺相惜、情不自禁，而這樣的「友誼」卻讓山濤的妻子韓氏起了疑心。

「老公，你給我說清楚講明白，你跟阮嗣宗還有嵇叔夜，除了是好朋友之外，還有沒有更深入的關係？」韓氏問道。

此時的山濤，眼睛飄向了窗外，擺出了便祕般的憂鬱表情，徐道：「我山巨源（山濤字）此生，只把嗣宗和叔夜當作是親密無間的好兄弟。」

韓氏見山濤答得曖昧，進一步追問：「你不說清楚，那下次他們來家裡作客，我要親自證實。這可是效法從前僖負羈妻子的作為。」

韓氏所提到的「僖負羈」，是指《左傳》所載「僖負羈之妻曰：『吾觀晉公子之從者，皆足以相國。』」一事。晉文公重耳在四處流亡、寄寓曹國的時候，曹國大夫僖負羈的妻子看出跟隨晉文公的狐偃與趙衰有棟樑之才。果然狐偃與趙衰在晉文公重返晉國執政後，助力良多。

等到阮籍和嵇康來家中作客了，韓氏早有預謀，準備了一堆豐盛的大餐還有美酒，在他們酒足飯飽後，又勸他們留下來到客房過夜。

深夜時分，眼見時機到來，韓氏躡手躡腳地來到客房邊，在牆壁上挖穿了一個洞，想偷看阮籍和嵇康在房間裡有沒有做什麼壞壞的事。

韓氏並不是武功高強、深諳「一陽指」。推敲《晉書．山濤傳》的記載，山濤「布衣家貧」，可以推測山濤的住屋應該類似今日中國農村尚存的「土坯房」，建材質地並不堅硬，利用器具甚至是徒手，便能在不發出聲響的情況下，將牆挖穿。

總之韓氏終於可以滿足她的好奇心了，她湊眼往牆洞內一看……

這一看就看到天亮。

壞壞的事。

山濤一早起床，走進客廳，發現韓氏愣在那兒，雙眼布滿血絲，還流著鼻血。

「老婆怎麼樣，很精彩吧？」山濤胸有成竹地問道。

「太讚了！」韓氏豎起了大拇指。

待韓氏激動的心情平息下來後，她語重心長地跟山濤說道：「阮嗣宗跟嵇叔夜比你這死鬼還能幹！」

「哪方面？」山濤問。

「很多方面，你只有兩樣比他們好。」韓氏回。

「哪兩樣？」山濤又問。

「經驗跟風度。」韓氏回。

「喔……嗣宗跟叔夜也是這樣說的。」山濤有些失落。

阮籍跟嵇康在那晚究竟做了些什麼，《世說新語》並沒有多提，也許他們只是在房裡溫習功課而已。

不過，**很多事情都是從溫習功課開始的。**

直男。

無私奉獻的真情

除了嵇、阮兩人的「斷背戀」外，大家一般所熟知的三國英雄中，也有一號人物，洩漏出一些信號。此人便是大家所熟知的吳大帝孫權。

孫權的妻妾不少，光是有紀錄的后妃就有十人。孫權看似是個「直男」，但仔細推敲史料，似乎在孫權的心中，還有一塊位子留給了某個特別的男孩。

孫權的性向問題，在歷史上並沒有證據確鑿的具體事跡，因此以下的敘述純屬推測。**不管你信不信，反正我是信了。**

當時孫權還是一個十八歲的少年，他隨著兄長孫策，進軍江夏討伐殺父仇人黃祖，大獲全勝，軍隊正準備回到大本營會稽。

「二弟，在回程途中，軍隊在豫章稍作休息，我想順道去祭拜劉正禮大人。」孫策向孫權道。

劉正禮指的是揚州牧劉繇，後來被孫策擊敗，逃到豫章一帶後病逝。

「大哥，劉繇是我們的手下敗將，而且他都死了快三年了，怎麼你還要特地去祭拜呢？」孫權不解問道。

「雖然我為了成就孫家的霸業，不得已與劉正禮大人交戰，但劉正禮大人剛正不阿、有智識涵養，在江東名聲頗佳，也是一代名士。如今斯人已逝，作為晚輩前去致意也是應該的。」孫策回道。

來到豫章後，孫策便帶著孫權前往劉繇的墓。孫權見到正在守喪的劉繇長子劉基，不由得痴了。

劉基，字敬輿，《三國志・吳書・劉繇傳》描述劉基「姿容美好」，當時的劉基才十四歲，可能還沒轉大人，樣子又比較陰柔些，或許讓當時血氣方剛的孫權，有了見到一名清麗少女的錯覺。

孫策對於劉繇感到歉疚，畢竟當年出兵攻打劉繇，實在不能算是正義之師。於是他帶著補償的心情，「收載繇喪，善遇其家」，收留並善待劉繇的遺孤。

這是孫權與劉基的第一次相見，從此劉基的倩影在孫權的腦海中徘徊不去。〈劉繇傳〉又載，孫權對他是抱持著「愛敬之」的態度，看來是難以隱藏對劉基的情感。

劉基不只是外表亮眼，他的個性也讓人欣賞。劉基自小跟著父親劉繇顛沛流離，生活過得困苦，但他卻不自怨自艾；被孫策收留後，又兄代父職，照顧年幼的弟弟們，每天忙到很晚才睡，天剛破曉又起床開始做事。

即使劉基後來娶了妻子，妻子也很難見到他一面，可見劉基為了親人有多麼奔波；而他平常也不太交際，因此家中少有朋友來往。

孫策在收留劉基後沒多久也去世了，而劉基有很長一段時間都沒有在孫氏政權底下任官，也許是對於孫家的不諒解吧！認為如果不是孫策侵占父親的領地，也許父親不會這麼早死。

繼任孫策位子的孫權，大概是那少數會前去劉基家中探望的人，時不時送去些安家費或是日用品，想讓劉基的生活改善一些。

「唉！要是敬輿是女兒身，那該多好！」也許孫權會如此感嘆。

就這樣過了將近二十年，天下已是三國鼎立，孫權剛剛打敗關羽、取得荊州。曹操上表獻帝劉協，封孫權為驃騎將軍。這個時候孫權才終於說動劉基，擔任他的東曹掾（主掌高階官員的人事任用），兼任輔義校尉和建忠中郎，兩者均是擁有自己軍隊的武官職。

隔年，曹丕篡漢，自立為帝，冊封孫權為吳王，孫權又任命劉基為大農。大農又名大司農，主理全國財政，由上述可知孫權是多麼重視劉基，進入仕途不過兩年便爬到如此高官。

中小鹿亂撞。

孫權不但給劉基高官厚祿，而且也非常重視劉基的意見。有一次孫權大宴群臣，酒過三巡之後，喝到有點茫的孫權站起身來，幫參加宴會的大臣們逐個倒酒。

就在孫權準備幫一個名叫虞翻的大臣倒酒時，發現虞翻已經醉倒在地上，沒想到孫權離開了虞翻之後，虞翻又馬上清醒、起身坐著。

孫權立刻知道虞翻這傢伙是故意的，心想：「老闆幫你倒酒你還裝醉，活得不耐煩了是吧？」氣得立刻拔出腰間佩劍，準備要往虞翻的腦袋瓜斬去。

說到這位虞翻也算是奇人，他除了是儒學家之外，亦精通醫術。尤其在《易經》這方面研讀得很有心得，還曾為《易經》作注並寄給孔融，獲得了孔融的高度評價。

不僅如此，虞翻的白目程度，也足以被稱作**「孔融2.0」**。《三國志．吳書．虞翻傳》記載他「數犯顏諫爭，權不能悅，又性不協俗，多見謗毀」，時常把孫權惹得火冒三丈，最後乾脆把虞翻貶到交州，眼不見為淨。

就在孫權準備要斬殺虞翻之際，劉基突然出面抱緊孫權，制止他的行動，孫權此時心中小鹿亂撞。劉基勸道：「大王您在酒酣耳熱之時擅殺名士，就算虞大人真的有罪，又有誰能理解呢？大王您一向禮賢下士、知人善任，如今要為了一個人而功虧一簣，值得嗎？」

「哼！曹操都能殺孔文舉（指孔融）了，我殺虞翻這個白目又算得了什麼？」孫權

心

反駁道。虞翻果然是「孔融2.0」，由孫權親口認證。

「曹操濫殺孔融，為天下人所不齒；大王您是有如堯、舜一般的聖君，怎麼能跟曹操這個奸賊相比呢？」劉基回道。

此時的孫權總算冷靜了下來，想想劉基的話頗有道理，於是饒了虞翻一命。孫權更因此下了一道命令：當他酒醉的時候，如果突然衝動想處死誰，都不算數。

特別的「蓋」給特別的你

又有一年夏天，孫權一時興起，想搞個員工旅遊活動，於是帶著群臣到樓船上開party。

「夏天就是要坐船啊，不然要幹嘛？」孫權瞪大眼睛道。

樓船行駛在江面上，外頭風光旖旎，船中孫權與群臣們也有說有笑、好不痛快。這時候天空轉眼間烏雲密布，沒多久就下起了大雷雨。

雨下得又大又急，很快船上的人都被淋成了落湯雞，只有孫權佩有御蓋遮雨。孫權

愛情萬歲。

一見劉基被淋得狼狽，心中不禁憐惜。

「來人！快將寡人的御蓋幫敬輿擋雨，別讓他的身子凍著了！」孫權急道。

御蓋是君王出外巡遊時專屬的儀仗，除非孫權許可，否則任何人都不可以使用，整個孫權統治時期，只有三個人被允許使用過御蓋。

第一個是孫吳大將周泰，他是因為身經百戰、整個身體都布滿了傷痕，讓孫權極為欣賞，於是賜御蓋讓周泰使用[2]。

第二個是孫吳大都督陸遜，他擊退曹魏將領曹休的大軍來襲，獲得豐盛的戰果，還讓曹休病發身亡。如此顯赫戰功讓孫權決定賜御蓋給陸遜，讓他風光返國[3]。

第三個就是劉基了。周泰和陸遜是用戰功才換來御蓋這樣的莫大殊榮，沒想到孫權只是因為怕劉基淋到雨就給了他御蓋使用權。可見劉基在孫權心中有多麼重要。

後來孫權稱帝，劉基被任命為光祿勳（掌管皇宮守備），加平尚書事，表示劉基擁有進入核心、參與中央決議的權力。以上種種都說明著，孫權對劉基的愛沒有上限。

劉基在四十九歲的時候病逝，孫權當時肯定是非常悲痛。他將劉基的女兒許配給了自己寵愛的四皇子孫霸，又送給了她一座豪宅。逢年過節的時候，孫權都會給予豐厚的賞賜，受寵程度可與孫吳最有權勢的四姓「顧陸朱張」當中的朱氏，以及與皇室結為姻親的全氏相比。

回顧中國古代的同性之愛，大多發生於宮闈，當事者未必天生擁有這樣的基因，只是因為環境的過度封閉、欲望很難找到適當管道宣洩，又或者是君王本身玩到沒東西好玩，所以劍走偏鋒。

相較之下，嵇康與阮籍在絕望的世道中相濡以沫的情感，以及孫權對劉基全心付出而不求回報的柏拉圖式愛情，或許更為真摯且難得。

也慶幸我們是活在戀愛自由的時代，在不妨害他人的前提下，可以盡情表達心中所愛，不管是異性戀還是同性戀，你想愛誰就愛誰，想得多美就多美。

愛情萬歲！

1. 《三國志．魏書．王粲傳》裴注引《魏氏春秋》記載：「（嵇）康寓居河內之山陽縣，與之遊者，未嘗見其喜慍之色。與陳留阮籍、河內山濤、河南向秀、籍兄子咸、琅邪王戎、沛人劉伶相與友善，遊於竹林，號為七賢。」
2. 《三國志．吳書．周泰傳》：「權自行酒到泰前，命泰解衣，權手自指其創痕，問以所起。泰輒記昔戰鬭處以對，畢，使復服，歡讌極夜。其明日，遣使者授以御蓋。」
3. 《三國志．吳書．陸遜傳》：「諸軍振旅過武昌，權令左右以御蓋覆遜，入出殿門，凡所賜遜，皆御物上珍，於時莫與為比。」

第四十屆金鼎獎非文學圖書獎
已授權韓文、簡體中文等版本
各大媒體紛紛推薦介紹

暗黑醫療史

人們曾把木乃伊磨成粉、植入羊睪丸來壯陽、取死人的脂肪當藥膏、拿陣亡士兵的牙齒做假牙，以為這些都是最有效的醫療方法。對比之下，現代人喝著汽水治感冒、生完小孩不洗頭、割掉器官防癌症、按摩腳底醫百病，你又如何看待？

幾百年前，血淋淋的人體解剖彷彿舞臺劇般，是人人爭相購票圍觀的熱門表演，因此還衍生無數的盜墓行為、屍體競標，甚至導致一整座城市發生暴動！比電影還戲劇化的真實歷史，你相信嗎？

醫療的演進，文明與野蠻交替，黑暗與光明並生，認知野蠻才能邁向文明，唯有剖開黑暗，光明方可到來。作者旁徵博引，爬羅剔抉，以輕鬆而深刻的筆調，點出千百年醫療史的荒謬與離奇、殘酷與巧合，最終將讓你我領悟生命之可貴。

作者 蘇上豪

臺北市博仁綜合醫院心臟血管外科主任。打從大學時代就熱中寫作，一手執刀，一手提筆，專攻的是最為困難的心臟外科，以及最需才情的長篇小說與科普散文。處女作《國姓爺的寶藏》(2012)獲選臺中市文化局「臺中之書」、《亞洲週刊》年度十大小說等殊榮。《開膛史》(2013)、《鐵與血之歌》(2014)皆名列博客來科普類「年度百大」前茅。《暗黑醫療史》(2015)榮獲第四十屆金鼎獎非文學圖書獎。

非普通三國：寫給年輕人看的三國史

書系——知無涯03

歷史人物並非所有心思都放在處理國家大事，
一般人有的七情六欲，他們也有。

作　　者　普通人／Somebody Sue
繪　　者　山本恩
美術設計　賴佳韋
版面編排　黃秋玲
總 編 輯　顏少鵬
發 行 人　顧瑞雲
出 版 者　方寸文創事業有限公司
地址：臺北市106大安區忠孝東路四段221號10樓
傳真：（02）8771-0677
客服信箱：ifangcun@gmail.com
官方網站：方寸之間ifangcun.blogspot.tw
FB粉絲團：方寸之間www.facebook.com/ifangcun
法律顧問　郭亮鈞律師
印務協力　蔡慧華
印 刷 廠　勁達印刷有限公司
總 經 銷　時報文化出版企業股份有限公司
地址：桃園市333龜山區萬壽路二段351號
電話：（02）2306-6842
I S B N　978-986-92003-5-6
初版一刷　2016年6月
初版五刷　2020年9月
定　　價　新臺幣380元

國家圖書館出版品預行編目（CIP）資料

非普通三國：寫給年輕人看的三國史／普通人Somebody Sue著／山本恩繪／初版／臺北市：方寸文創，2016.06｜416面｜21X14公分（知無涯系列；3）｜
ISBN 978-986-92003-5-6（平裝）

1.三國史　2. 通俗史話

622.3　　105008871

方寸文創